我国企业并购税收制度的完善研究

鞠 铭 著

中国财经出版传媒集团

经济科学出版社
Economic Science Press

图书在版编目（CIP）数据

我国企业并购税收制度的完善研究／鞠铭著 . —北京：
经济科学出版社，2021.6
ISBN 978 - 7 - 5218 - 2431 - 5

Ⅰ.①我…　Ⅱ.①鞠…　Ⅲ.①企业兼并 - 税收制度 -
研究 - 中国　Ⅳ.①F812.422

中国版本图书馆 CIP 数据核字（2021）第 043199 号

责任编辑：杨晓莹
责任校对：徐　昕
责任印制：范　艳　张佳裕

我国企业并购税收制度的完善研究
鞠　铭　著
经济科学出版社出版、发行　新华书店经销
社址：北京市海淀区阜成路甲 28 号　邮编：100142
总编部电话：010 - 88191217　发行部电话：010 - 88191522
网址：www. esp. com. cn
电子邮箱：esp@ esp. com. cn
大猫网店：经济科学出版社旗舰店
网址：http：//jjkxcbs. tmall. com
北京密兴印刷有限公司印装
710 ×1000　16 开　12 印张　200000 字
2021 年 7 月第 1 版　2021 年 7 月第 1 次印刷
ISBN 978 - 7 - 5218 - 2431 - 5　定价：48.00 元
（图书出现印装问题，本社负责调换。电话：010 - 88191510）
（版权所有　侵权必究　打击盗版　举报热线：010 - 88191661
QQ：2242791300　营销中心电话：010 - 88191537
电子邮箱：dbts@ esp. com. cn）

前　言

　　企业并购作为一种高效的资源配置方式，在优化产业结构、激发企业活力、促进市场竞争、化解产能过剩等方面发挥着重要的作用。随着供给侧结构性改革的深入，我国经济已由高速增长阶段转向高质量发展阶段，企业并购在促进经济发展和社会进步方面的成效逐步显现。为支持企业并购，我国已经陆续出台一系列企业并购的税收政策，初步构建起企业并购的税收制度体系。但现行企业并购税收制度在原则导向与设计规则方面仍存在缺陷，难以适应并购市场规范发展的需要。因此，提出符合我国现实国情与税收征管实践需要，并与国际先进税收制度接轨，同时兼具制度性、长效性、前瞻性的完善建议，具有重要的理论意义和现实意义。

　　全书共八章，分为理论研究、实证研究、问题分析与政策建议四大部分。

　　理论研究部分主要包括文献综述、企业并购税收制度的作用机制和企业并购税收制度的价值导向与技术规则三部分内容。其中文献综述部分详细梳理了国内外现有文献中关于税收影响企业并购的代表性观点，重点回顾和总结了税收对企业并购动因的影响、税收对企业并购方式的影响、税收对企业跨国并购的影响以及企业并购税收制度的完善四个方面。在此基础上，分别对税收影响企业并购动因和并购决策的相关原理进行深入的论述，并根据西方成熟企业并购税收制度的演进过程以及我国企业并购的发展历程，总结和归纳企业并购的价值导向与技术规则，重点对免税并购与应税并购的立法原理、适用要件与税收待遇进行全面阐述，从而构建起"税收—税收制度—税收政策"影响"企业并购"的研究框架，为后续的实证研究与对策研究铺垫基础。

　　实证研究部分包括税收影响企业并购动因和税收影响企业并购方式两部分内容。本书选取了 2009 ~ 2018 年我国上市公司的并购事件作为研究样本，将研究视角扩大到并购方、转让方和目标企业三方，通过理论分析对影响企业并购的核心税收因素进行指标性量化，引入其他影响企业并购的控制变量，形成本书的研究模型。运用 Logit 二元离散选择模型作为实证分析模型，分别检验了构成企业并购动因和影响企业并购方式的税收因素，同时通过变量替换的方法进行稳健性检验。实证分析结果表明，目标企业的亏损弥补、税收挡板和债务税盾与并购行为的发生显著相关，目标企业不同的税务特征对并购方式的选择产生显著影响，并购方的实际税负对并购方式的选择也有重要影响。这一研究结论为企业并购税收制度调控目标的确定与税制规则的完善提供了具体的指引。

问题分析部分着重对我国现行企业并购税收制度中存在的问题与不足进行全面审视。重点围绕企业并购的一般性税务处理、企业并购的特殊性税务处理以及企业并购的反避税制度等三个方面展开分析，根据税收制度的公平性、合理性、完备性、有效性对现行企业并购税收制度做出客观评价，找出存在的问题与不足，为企业并购税收制度的完善提供明确的方向。

政策建议部分首先对西方发达国家企业并购的税收制度进行梳理与总结，从应税并购、免税并购和跨国并购三个方面对西方国家企业并购税收制度的成熟经验和做法进行借鉴，在此基础上，针对我国现行企业并购税收制度中存在的主要问题，分别从重构企业并购税收制度的基本原则、明确企业并购税收制度的优化路径以及完善企业并购税收制度的具体措施等三个方面，提出有针对性的政策建议。

本书的创新之处体现在以下三个方面：一是在研究视角上，从企业并购参与主体这一微观视角分析税收影响企业并购行为的作用机制，丰富了以往仅局限于政府调控企业并购行为的单一视角，力求更为全面、客观地提出企业并购税收制度的完善建议；二是在研究内容上，涵盖税收理论与税收实践、历史变迁与现状评述、国内分析与国际比较，全方位、多角度、系统性地论述了我国企业并购税收制度中的问题，并提出能够直接应用于税制建设实践的政策建议；三是在研究方法上，从税收的角度切入，利用财务分析工具对影响企业并购的税收因素进行实证分析。样本选取严格符合概念界定与研究设计，避免无效样本对结果的干扰；指标设计全面覆盖影响企业并购的各种因素，并通过指标替换保证实证分析结果的稳定；实证方法采用 Logit 二元离散选择模型，更加符合研究主旨和内容的需要。

目　录

第1章 导 论

1.1 研究背景与意义

1.1.1 研究背景

19世纪末，美国迎来了首次企业并购的浪潮，此后企业并购浪潮席卷全球。企业并购扩展了企业资本规模，实现了企业跳跃式发展，正如诺贝尔经济学奖获得者美国著名经济学家乔治·斯蒂格勒在考察美国企业成长路径时指出：没有一个美国大公司不是通过某种程度、某种方式的并购而成长起来的，几乎没有一家大公司主要是靠内部积累成长起来的。

企业并购的实质是产权的交易，通过企业控制权的转移实现资源的高效配置，使企业作为市场主体更好地适应经济发展形势与市场需求变化，从而推动经济增长与经济发展，促进就业与社会进步。产权交易本身有别于一般商品交易，其交易活跃度在很大程度上受到制度的影响。格雷戈尔·安德雷德（Gregor Andrade，2001）对20世纪90年代企业并购的历史进行研究时发现，除企业内在发展驱动因素外，外部制度变化特别是放松管制极大地促进了企业并购的发展。税收作为一项重要的制度要素，在企业并购中扮演着重要的角色，一国企业并购税收制度的建立与演进直接影响着该国企业并购交易活动的发展与演变。

从世界各国的税收实践来看，企业并购税收制度的设计往往比较复杂，各国政府还会结合经济调控目标以及企业并购交易的变化不断地对其做出调整，如美国1980年的《分期付款销售法案》，1981年的《经济复苏法案》和1984年的《赤字削减法案》均设置了鼓励资产销售条款，在一定程度上激发了企业并购的积极性。而 1986 年《税收改革法案》中取消"通用事业"法则①，规定从 1987 年开始征收企业清算所得的资本利得税，加大了企业并购的税收成本，直接导致 1986 年后半年的并购活动显著增加，而 1987 年的并购活动明显减少。日本政府为应对 20 世纪 90 年代经济泡沫的破灭，通过调整税收政策鼓励企业的并购与整合，2001 年日本正式实施《公司并购免税重组规则》，改变了以往对并购活动一律课税的态度，通过递延纳税的方式减轻企业并购环节的税收负担。德国政府也于同年进行了税制改革，分别下调了公司和个人所得税税率，取消对股息和留存收益征税的差别待遇，并对股东个人股息减半征收个人所得税，同时还针对非货币性交易给予相应的税收优惠，这一系列举措都是为激励和约束德国国内日益壮大的并购市场，通过税收政策发挥一定的影响和调节功能。可见，各国政府根据经济发展形势与并购市场变化对并购税制进行持续性调整、补充和优化的过程，充分印证了并购税制在维护国家税收利益，激励企业并购行为方面的突出作用。

相比之下，我国企业并购活动起步较晚。20 世纪 80 年代，在全球一体化进程逐渐加快加深的背景下，这股发源于西方国家的并购浪潮涌入中国，其标志性事件是 1984 年 7 月河北保定的两家国有企业实施兼并。② 随着 1993 年《中共中央关于建立社会主义市场经济体制若干问题的决定》的颁布以及 1995 年党的十四届五中全会提出"通过存量资产的流动和重组，对国有企业实施战略性改组"③，国内的企业并购交易迅速发展起来，短短 30 年间，我国企业并购规模取得了空前发展，2016 年中国企业并购数量达到 11407 宗，突破了 1 万宗大关，交易金额达到 7598 亿美元，创造了历史性新高。尽管近两年由于国内外经济形势变化对我国企业海外并购造成了一定影响，但截至 2018 年底，我国企业并购数量依然达到 10887 宗，交易金额 6783 亿美元。④

我国企业并购税收制度的建立是在大量外资企业涌入中国，通过企业并购的方式对内资企业实施控股，亟需明确的税收政策加以规范和引导的背景下陆续出台的，1997 年首先在外资企业并购中确立了"免税并购"规则，

---

① 1935 年美国最高法院对通用公共事业和营运公司（General Utilities and Operating Co.）与 Helvering 公司案的判决结果，允许公司清算时的资产增值无须缴纳资本利得税。

② 1984 年 7 月河北保定纺织机械厂和保定市锅炉厂分别对保定市针织器材厂和保定市鼓风机厂实施的兼并。

③ 中共中央关于制定国民经济和社会发展"九五"计划和 2010 年远景目标的建议。

④ 普华永道. 2018 年中国企业并购市场回顾与 2019 年展望 [EB/OL]. https：//www. pwccn. com/zh/services/deals-m-and-a/publications/ma-2018-review-and-2019-outlook. html

2000 年将这一规则纳入内资企业并购交易中。然而，内外资所得税法并行环境下所形成的差别化的并购税制缺乏整体性与公平性，也容易成为企业规避纳税的工具。伴随着 2008 年"两法合并"，财政部、国家税务总局于 2009 年 4 月 30 日发布《关于企业重组业务企业所得税处理若干问题的通知》（以下简称《通知》），标志着我国第一部统一适用于内外资企业法人的企业并购税收政策正式形成。《通知》采用了国际通用的应税并购与免税并购的"双轨"模式，使整体税制更为科学化、规范化和国际化，有助于维护税收公平，鼓励产业结构调整，提升企业竞争力。

近年来，随着我国税制改革的逐步深化，我国针对企业并购的税收制度实施了多项重大改革，为企业并购活动营造了良好的市场环境，充分发挥企业在兼并重组中的主体作用。具体措施包括降低股权（资产）收购适用免税并购的收购比例要求，明确适用于集团内部资产或股权无偿划转的税收政策，完善非货币性资产投资的税收待遇等，基本构建起以企业所得税为主，其他税种为辅的企业并购税收制度体系，有力地支持了企业并购实践活动的发展。

由于企业并购是一个高度市场化的交易行为，并时刻处于动态发展过程，特别是随着资本市场的飞速发展，企业并购的类型和架构日趋多样化和复杂化，这就要求企业并购的税收制度也应动态优化。然而，我国现行企业并购税收制度无论是在价值导向上还是设计规则上都存在一些问题，无法有效满足企业并购实践发展的需求，需要进一步在科学性、完备性和有效性方面完善和提升。基于此，本书尝试采用理论与实践相结合、定性与定量相结合的方式，研究我国企业并购税收制度的完善问题。本书从税收影响企业并购的作用机制入手，着力探究影响企业并购动因和并购方式的核心税收要素，并对现行税制中针对这些税收要素的具体政策规定进行全面的梳理与评价，找出企业并购税收制度中存在的问题，提出完善企业并购税收制度的基本原则、实现路径与具体措施，以期为企业并购的健康发展和规范监管提供参考。

1.1.2　研究意义

党的十九大报告明确指出，我国经济已由高速增长阶段转向高质量发展阶段，正处在转变发展方式、优化经济结构、转换增长动力的攻关期。我国经济在总体平稳、稳中有进的背景下，也面临下行压力，部分企业出现了阶段性困难，结构调整、转型升级的任务较以往更为迫切，需要更好地发挥资本市场服务实体经济的作用。企业并购作为资本市场优化资源配置的重要方式，在助力企业加速转型升级、抵御风险、实现高质量发展等方面发挥着重要作用，必将成为我国企业迈向高质量发展之路的重要抓手。企业并购的有效开展需要良好的外部环境，税收作为企业并购的"内在稳定器"，通过设置一定的税收待遇的差异，形成对企业并购的激励或限制，以此引导市场主体的行为选择。可见，构建完备的企业并购税收制度以鼓励企业合理的并购行为，遏制避税型并购，不仅符合税收的公平与效率原则，更符合我国经济高质量发展的战略需要。因此，对企业并购税收制度完善问题的研究兼具重要的理论意义和现实意义。

（1）有助于增强对税收影响企业并购作用机制的认识，建立税收政策调控企业并购的理论框架。本书在现有文献的基础上，重点研究影响企业并购动因和并购方式的主要税收因素及重要程度，通过运用规范研究和实证研究相结合的方法，探寻税收作用于企业并购的理论分析模型和分析框架，着力构建起税收政策调节企业并购行为的理论基础，为进一步完善和优化企业并购的税收制度提供理论依据。

（2）有助于总结和归纳我国企业并购税收制度的发展规律和发展路径，并客观分析价值导向和立法技术层面的问题与不足。本书回顾了从我国改革开放至今企业并购及其税收制度的发展历程，梳理了现行企业并购的核心税收政策与征管制度，通过对企业并购税收制度发展规律和发展路径的认识，确立以问题为导向的解决思路，为我国企业并购税收制度的完善提供具体的方向。

（3）有助于拓宽研究企业并购税收制度设计的国际视野，缩小我国企业并购税收制度与国外成熟企业并购税收制度的差距。本书在回顾西方发达国家企业并购及其税收制度发展演进的基础上，重点剖析了西方成熟企业并购税收制度的价值导向与设计规则，为我国企业并购税收制度的完善提供参考借鉴，逐步缩小与先进企业并购税收制度的差距。

（4）有助于全面构建高效完备的企业并购税收制度体系，发挥税收对企业并购的调节目标和职能作用。本书确立了企业并购税收制度的立法原则与优化路径，并从立法技术层面提出了完善我国企业并购税收制度的基本思路和具体方法，有助于构建科学完备、运行高效的企业并购税收制度体系，更好地发挥税收对企业并购行为的调控目标，以不断增强我国税收治理体系和治理能力的现代化。

1.2　文献综述

通过梳理国内外有关企业并购及其税收问题的文献，发现研究重点主要集中在五个方面，分别是税收对企业并购动因的影响、税收对企业并购方式的影响、税收对跨国并购的影响、税收影响企业并购的作用机制以及企业并购税收制度的完善，下面分别针对这五个方面的文献进行综述。

1.2.1　税收对企业并购动因的影响研究

有关企业并购动因的理论，西方学者先后提出效率理论、信息与信号理论、代理理论、自由现金流假说、市场力量理论等，从不同的角度探讨企业并购的动因。税收作为企业并购交易成本的构成因素，是否构成企业并购的一项动因，时至今日，对这一问题的研究结论仍不尽相同。

一种观点认为，税收并不是企业并购的主要动因。为获取税收利益的并购通常被视为是企业与政府间的"零和博弈"。如果这些并购活动涉及利用实际资源或通过增加经济体系中其他部门的税收来扭曲税收体系，那么它们对于整个社会来说都是不可取的（Auerbach & Reishus，1986）。此外，由于现实市场环境下很难对税收偏好、信息成本和交易费用进行定义和衡量，很难得出以税收利益作为企业并购主要驱动因素的结论，企业基于税收利益做出的并购方案只不过是因为产生同等税收效应的替代性方案尚不可知或替代成本太高（Scholes，Wolfson & Gilson，1988）。实证分析进一步验证了上述观点，奥尔巴奇和雷萨斯（Auerbach & Reishus，1986；1988）研究了美国在1968~1983年期间发生并购的318个案例，发现约有20%的样本获取了潜在的亏损结转与税收抵免转移所带来的利益，价值相当于被并购企业市场价值的10%。这说明税收是企业并购的一个动因，但并不足以说明税收是企业并购的主要动因。弗兰克斯（Franks，1998）分析了美、英两国从1955年起30年间的2000个并购案例，认为虽然与并购相关的税收制度发生了巨大的变化，但这对并购交易的影响是微乎其微的。

另一种观点认为，税收是企业并购的重要动因。税收作为一种经济杠杆必然会对企业并购行为产生一定的影响，某些并购活动是出于利用有利税法条款以谋求税收最小化机会（J. Fred Weston，1998）。卡拉·海因（Carla Hayn，1989）在分析 1970～1985 年成功完成并购的 640 个企业案例后发现，其中 28% 的并购享受了免税待遇，这进一步说明目标企业的税收属性对企业并购收益产生重大影响，如果不存在税收方面的利益，收购企业很可能不会发起并购。显然，收购企业和目标企业税收属性的差异性、互补性是产生企业并购的直接动因。斯科尔斯和沃尔夫森（Scholes & Wolfson，1990）通过时间序列的实证分析方法，研究美国税制改革对企业并购活动的影响，研究发现 1981 年美国颁布《经济复兴税收法案》，确定了鼓励并购的基调，从而导致并购规模急剧上升；而 1986 年税制改革限制税收在并购方面的激励，造成了并购交易的大幅减少，说明 20 世纪 80 年代税收制度的变化对美国并购活动的影响是第一位的。马吉德和梅耶斯（Majd & Myers，1984）根据期权定价原理论证了税收作为企业并购主要动因的合理性，他们认为政府的税收要求权相当于一个对每年营运现金流量买入期权的组合，当企业有收益时，政府行权对企业课税，当企业无收益时，政府放弃行权。根据这一理论，现金流量波动性的降低将导致现金流量看涨期权价值的降低，因此即便企业并购中双方企业都是盈利企业，只要双方现金流量的相关性不强，就会使并购后现金流量变动性降低，从而导致未来税收义务减少。卡拉吉安尼迪斯（Karagiannidis，2010）通过对澳大利亚 1949～2007 年企业并购样本进行实证研究，发现企业并购差异化的税收待遇是引发企业并购的重要动因之一。菲尔德（Feld，2016）以 2002～2013 年 30 个国家的税收制度改革为研究对象，发现资本利得税对企业并购的影响十分显著，资本利得税每下降 1 个百分点，企业并购的数量大约会提高 1.1 个百分点。

国内研究方面，李维萍（2007）根据我国企业并购的现实情况指出，企业并购的动因之一就是节税，企业并购而实现的节税效应即所谓的"税收协同效应"。张妍（2009）利用 Logit 模型，选取我国 A 股市上市公司 1999～2005 年沪深两市全样本数据进行实证研究，研究结果发现税收因素对我国企业并购有一定的影响，并购中存在获得潜在税收利益的动因。陈娟（2012）分别从主并方与目标企业的角度，研究企业并购的动因效应、结构效应与整合效应，认为我国上市公司的股权并购存在一定的税收动因效应，主要表现在利用目标企业的经营亏损和享受税收优惠。苏毓敏（2015）研究发现，税收的非对称性因素、税收优惠因素和税收挡板因素对我国上市公司的并购产生一定的激励作用。尹磊（2019）通过对影响企业并购的主要影响因子进行实证研究，发现企业的实际税负与是否发生并购有着显著的关系，具体表现为实际税负越低的企业，其发生并购的概率越高。

1.2.2 税收对企业并购方式的影响研究

除了对企业并购动因产生影响外，税收还会对企业并购方式产生影响（Smirlock，Beatty，Majd，1986）。税收对企业并购方式的影响主要表现在并购类型、支付方式、交易定价以及融资方式等方面。

税收对并购类型和支付方式的影响通常是同时产生的，许多国家的所得税制度中设置了免税并购制度，免税并购的适用条件通常包括一定比例的股权支付以保证股东利益的持续性。换句话说，当以股权支付为并购对价的主要方式时，目标企业的股东可以选择免税并购，从而产生递延纳税的效果，未来还可以通过税收筹划进一步降低税负；当以现金为支付对价的主要方式时，目标企业股东必须在并购发生时按照应税并购缴纳一笔不菲的资本利得税，这会减少目标企业股东的实际收益（Eckbo，1983；Ayers，2004）。另外，股权支付方式能够避免并购企业短期大量现金流出导致的财务压力，为并购后企业的经营创造了相对宽松的财务环境；现金支付则可能给目标企业股东带来很大的税收成本，大量的现金流也会给并购企业带来经营上的不便（关迎霞，2012）。虽然股权支付可以适用免税并购，但这并不意味着股权支付绝对优于现金支付，因为现金支付将给目标企业股东带来比股权支付更多的回报，在现金支付下目标企业股东只能选择应税并购，而这种税收负担会转嫁给并购企业，从而使得目标企业股东索取更多的回报（Harris，Franks & Mayer，1987）。站在并购企业的角度，如果其自身税率偏高，则可以通过应税并购获取资产计税基础提升，从而产生折旧抵税的效果，降低并购企业实际税负，即并购企业边际所得税税率与应税并购发生概率存在正相关关系（Erickson，1998）。现实中企业并购的行为选择也很好地与理论研究相吻合，1993 年开始美国税法允许商誉摊销税前扣除，这一政策变化为并购企业带来了切实的减税利益，商誉价值越大，并购企业获取的税前扣除越多，因此应税并购发生的概率越高（Ayers，Lefanowicz & Robinson，1999）。

税收对交易定价的影响主要体现在税收与溢价收购的关系上，研究发现，目标企业股东资本利得税与并购溢价存在正相关关系，即目标企业股东资本利得税税率越高，越有可能提高交易定价，以溢价所得弥补其纳税损失，也就是说收购企业补偿了为获取更高资产价值而需要由目标企业股东承担的税收增量成本（Erickson & Wang，2000；Dhaliwal，Erickson & Heitzman，2004）。然而，股东层面的资本利得税与并购溢价的正相关关系在免税并购中不再显著（Ayers，Lefanowicz & Robinson，2003），埃里克森（Erickson，1998）给出的解释是，多数免税股权并购中收购企业股东的财富损失超过了承继目标企业净经营亏损而获得的税收利益，重估目标企业资产引起的税收成本大于并购后增量折旧产生的抵税效应。

税收对企业并购融资方式的选择也会产生影响。并购企业为筹集并购资金可以采用内源融资、债务融资与股权融资三种方式。相比之下，内源融资税负最重，原因是内源融资多数来自企业的留存收益，留存收益是税后利润的积累，资金使用者相当于承担了企业所得税这一固定借贷成本；而债务融资的税负最轻，由于利息的税盾作用（Miller & Modigliani，1958；1963；1977），利息的税前扣除能够减少并购企业的所得税费用，债务的税收屏蔽对高税率企业最有价值（DeAngelo & Masulis，1980）。埃里克森（1998）根据1985～1988年美国上市公司的并购实践测算出并购企业税率与债务融资发生概率的关系，并购企业实际所得税税率每提高1%，债务融资的可能性增加13.5%。黄凤羽（2003）根据我国税法修正了国外学者在模型设计中普遍使用的"债务利息可以全部税前扣除"的前提假设，使之与我国现实经济环境更为匹配。

1.2.3 税收对跨国并购的影响研究

与国内并购交易不同，跨国并购除了涉及一般的并购税收问题外，还会涉及国际税收问题，特别是直接关系到国与国之间的税收权益问题。关于税收制度对跨国并购影响的研究中，探讨税收制度对跨国投资的影响是一个重要分支。资本对税收具有天然的敏感性，税收因素特别是一国税负对投资决策的影响很大。因为税收是企业成本结构的重要组成部分，企业可以很容易地利用更有利的税收制度，特别是在低税率国家设立子公司给跨国公司提供避税的机会（Reuber，1973；Guisinger，1985）。跨国公司通过安排其在两国子公司之间的交易，将尽可能多的利润归属于其在低税率国家的业务，跨国公司还可以调整从外国子公司分回股息的时间以实现税收利益（Hines & Hubbard，1990）。除了国与国税率差异的影响外，国际税收制度对跨国并购也有着极其重要的影响。一方面，国际税收制度影响跨国并购的交易量。哈里和约翰内斯（Harry & Johannes，2005）分析了国际税收制度对美国、欧洲国家和日本跨国并购交易量的影响，发现税率差异较大的国家间的企业合并发生频率更高，特别是许多国家提供税收抵免和境外所得免税待遇，企业通过跨国并购享受了"转移激励"。美国1986年的税制改革很好地证实了这一观点，由于改革后美国公司所得税税率下调，比其他发达国家税率低，对外国投资者产生了较大的吸引力，这直接导致外国企业在美国的并购活动比税制改革前大大活跃了，并购金额也显著增长（Scholes & Wolfson，1990）。另一方面，国际税收制度影响跨国公司的并购结构。一国税收制度与资本利得税税率会直接影响跨国并购中交易主体的确定，即谁是并购企业，谁是目标企业。阿塞和海恩斯（Eesai & Hines，2002）研究了1982～2002年间26个美国跨国企业并购倒置案中税收的作用。在这些交易中，并购主体结构发生了倒置，即美国母公司成为了子公司，外国子公司成为了母公司，因为如果母公司所在国有税收豁免制度的话，这种倒置行为可以消除国际间的双重征税。哈里和约翰内斯（2005；2009）研究发现母公司在跨国并购后是否在所在国继续存续的可能性因该国国际双重征税程度的加重而降低。

1.2.4　税收影响企业并购的作用机制研究

从国内外的文献梳理中发现，税收影响企业并购的作用机制主要体现在四个方面，即税制的非对称性、激励性的税收优惠、资产的税收挡板功能以及债务融资的税盾效果。

一是税制的非对称性对企业并购的影响机制。税制的非对称性是指税法对待应税所得和经营亏损的非对称性待遇产生的差异化效果。通常应税所得需要当期确认，而经营亏损只能向后结转弥补，结转弥补期越短，这种非对称性效果就越强。如果通过企业并购可以使一家企业更快地抵销另一家亏损企业的营业亏损，则可以产生更大的潜在节税效应，即便两家企业都是盈利企业，只要双方的现金流相关性较小，同样可以产生减税效果（Myers & Majd，1985）。现实并购情况也进一步证明了税法的非对称性显著促进了企业并购，奥尔巴奇和雷萨斯（1988）通过对美国企业并购样本的实证分析，发现至少有20%的企业并购充分利用了目标企业的营业亏损。国内研究方面，李维萍（2007）指出，我国企业所得税对亏损结转采用向后不向前的方式，并且只有 5 年的弥补时间，税法的非对称性更强，这就对并购亏损企业产生了更强的激励。王清剑和张秋生（2013）借助理论模型证明了非对称性税制下企业并购产生的减税效果，认为由于存在经营亏损的结转弥补，并购亏损企业可以减少并购后企业的税收支出。

二是激励性的税收优惠对企业并购的影响机制。通过企业并购实现对目标企业激励性税收优惠政策的转移使用是诱发企业并购的一项重要动因。此外，许多国家还专门针对企业并购行为本身给予税收优惠待遇，降低了企业并购的税收成本。奥尔巴奇（1986）认为，企业会结合对税收优惠待遇的享受比较企业并购成本与并购收益，并据此设计企业并购的交易架构。卡拉（1989）研究发现，具有有利税收属性的目标企业更容易成为被并购的对象，其中，享受激励性税收优惠就是一种可利用的有利税收属性。海因（2006）通过对 600 起并购事件的实证检验，印证了目标企业税收优惠对并购后企业股东价值回报的重要作用，因此并购具有税收优惠的企业成为股东追求利益最大化的一种理性选择。国内研究方面，高金平（2013）分析了企业合并中合并企业承继被合并企业税收优惠的具体规则，特别是分析了被合并企业未享受到期的税收优惠如何继续由合并企业使用的问题，间接说明了有利税收属性的承继是企业合并中重点考量的一项因素。李彬和潘爱玲（2015）将税收优惠具体分为区域性税收优惠和行业性税收优惠，并分别检验了两种不同类型的税收优惠对企业并购的激励作用，发现区域性税收优惠是驱动跨区域并购的重要因素。王吉恒和张钊（2019）从支持行业发展的角度，分析了针对高新技术产业的税收优惠措施形成的引导、激励和协同效应，并且认为这种激励效果可以借助企业并购所形成的产业链得以发挥。

三是资产的税收挡板功能对企业并购的影响机制。资产税收挡板也称为资产搅拌，是通过某种机制实现资产计税基础的增加，进而增加折旧摊销金额以减少应纳税所得额。资产税收挡板据以实现的一种重要方式就是通过在企业并购并实现资产的转移。塔格特（Taggart，1986）提出，资产税收挡板的确会给并购企业带来资产折旧增加的效果，但为获得这一效果需要以资产转让方纳税为代价，因此转让方可能会索取更高的转让对价。埃里克森（2007）进一步发现，为了获得资产税收挡板的抵税效果，并购方往往愿意为此付出更多的并购溢价。计金标和王春成（2011）认为，企业并购中可以实现多次资产税收挡板所带来的折旧补偿，特别是当资产适用了加速折旧政策，账面价值和公允价值差异越大，这种税收挡板的效应就越强。汪卓妮

（2013）通过实证研究，证明了包括税收挡板在内的目标企业有利税收属性构成企业并购的驱动因素。

四是债务融资的税盾效果对企业并购的影响机制。债务融资的税盾效果最早是由美国经济学家莫迪利亚尼和米勒（Modigliani & Miller，1963）在MM模型中提出的，认为由于债务融资利息相较于股权融资可以税前扣除，因此在同等条件下，债务融资对企业更为有利。埃里克森（1998）通过实证分析发现，实际企业所得税税负每提高1个百分点，收购企业选择债务融资方式的可能性将增加13.5%。斯蒂芬（Stephen，1999）进一步指出，当两个企业的现金流并非完全正相关时，通过企业并购可以降低现金流量的波动性，提升企业的举债能力，进而获得更多的利息税盾。诺贝克（Norback，2012）通过建立理论模型，研究了债务税盾与并购对价对并购市场中所有权分配的影响机制，认为低破产成本和高财务杠杆率的私募股权基金行业更具有税收优势。国内研究方面，樊勇和王蔚（2014）、李霞（2018）分别从不同阶段我国上市公司债务融资的情况入手，分析债务税盾效应在资本市场中的显著程度。杜剑（2017）运用我国上市公司并购重组数据研究了债务融资对并购企业所得税费用的影响，并发现并购中的债务可以产生1年以上的抵税效果。

1.2.5　企业并购税收制度的完善研究

基于税收对企业并购行为的重要影响，完善企业并购税收制度对于激励企业通过并购实现资源优化配置、产业协调发展，促进企业做大、做强、做优具有重要意义。对此，国内学者进行了大量的研究，并主要围绕以下三个方面：

一是对企业并购税收制度的立法原则与完善目标的探讨。李维萍（2007）分析了我国目前企业并购税收激励效果不佳的现状及原因，认为从税制设计角度来看，我国免税并购适用条件过于严苛，可行性差，并据此提出近期与远期的企业并购税收制度的构建思路。邓远军（2008）进一步扩展了企业并购的税收协同效应理论，将其归纳为税收协同效应与税收筹划效应两种类型，并通过对企业并购中和并购后两种协同效应的分析，弥补了企业并购税收理论的不足。计金标和王春成（2011）系统地论述了企业并购税收制度的理论基础，从产权理论切入，分析了税收作为一项交易费用如何影响企业并购的各个阶段，同时从价值取向、制度和技术三个维度对我国并购税制作出客观评述，并基于社会福利原则、交易有效原则以及组织和治理优化原则提出了我国并购税制的优化方向。辛连珠（2011）基于税收中性的视角，分析了企业并购前后资产计税基础总量的变化，认为特殊性税务处理通过采用对并购相关方隐含增值给予不定期递延的税收待遇，有效避免了税收对企业并购行为的非正常干预和阻碍。魏志梅（2012）分别介绍了美、英、日、德、法等国的企业并购税收制度，认为虽然各国并购税制的处理标准不同，但目标一致，均基于鼓励并购，防范避税的内核，因此可以充分借鉴国外成熟的立法经验，细化、衔接、补充、协调我国企业并购制度税收制度。雷霆（2014）对美国联邦税法中企业并购的所得税制度从理论、规则与制度层面进行了深入的阐述，并列举了大量美国司法实践中有关企业并购的涉税判例，充分说明了企业并购税收制度的立法原理与税收规则。金哲（2014）从税制与制度变迁的角度分析了企业并购税收制度优化的必然性与应然性，并从课税对并购行为的经济影响入手提出并购税制优化的主要着力点。张春燕（2015）从利益持续原则的角度，对我国企业并购税收制度与立法原则的匹配度进行评价，特别是基于法学视角提出了完善企业并购税收制度的建议。郭健（2018）基于我国经济转型升级和产业结构调整的角度，认为我国企业并购税收政策缺乏行业导向，应加大对制造业并购重组的扶持力度，引导制造业与服务业的双向融合，服务经济高质量发展。岳树民等（2018）基于促进国有企业混合所有制改革，提出税收政策应成为国企混改的"助推剂"，并以公平适度为原则提出完善并购重组税收制度的具体建议。

二是对企业并购税收制度技术层面的问题分析与完善建议。林德木（2010）以美国联邦公司并购税收制度为研究对象，深入论述了美国联邦税法中有关免税并购、应税并购、并购中税收属性的结转利用等具体的税务处理规则，并在此基础上对中美两国企业并购的税收制度进行比较分析，提出完善我国企业并购税收制度的具体建议。蔡昌（2011）分析了我国企业并购税收制度在立法技术上的缺陷，包括判断标准不明、适用条件过高、界定标准过严等具体问题，并针对性地提出政策完善的建议。李辉和周玉栋（2014）以税收中性原则为标尺，检视了我国企业并购税收制度中的特殊性税务处理规则，指出适用标准和税收待遇不符合税收中性原则的表现和改进建议。李峰和杨德银（2015）、李辉（2017）进一步指出了企业并购税种间的不协调问题，特别是参与并购的法人主体与自然人主体在税收待遇适用性与公平性方面，需要进行协同处理。尹磊（2019）运用断点回归的方法，对我国 2014 年出台的鼓励企业并购的税收政策的作用效果进行评价，提出提高企业并购税收政策的确定性和便利性，加强政策辅导和纳税服务等措施。

三是对完善跨国并购税收制度的论述。随着"走出去"战略的推进，特别是"一带一路"倡议的实施，有必要适时补充和完善跨国并购的税收制度。李维萍（2007）借鉴了美国跨国并购的税收规则，提出增强跨国并购税收激励的实效性，针对不同交易方式细化税收政策，制定反优惠滥用的专门性准则以及保持跨国并购税收规则的稳定性。邓远军（2008）从宏观视角与微观视角对我国企业跨国并购的税收制度和税收效应进行分析，重点围绕税收管辖权、国际双重征税的减除、税收饶让以及跨国投资问题展开论述。金亚萍（2009）分别从税收政策与税收征管双重视角提出注重政策执行过程中的管理，依托信息化手段、发票管理手段以及国际协作协调机制增强跨国并购的税收管理。陈娟（2014）分析了跨国并购中可以被利用的四项有利税收因素，即并购对象的选择、融资方式的选择、回避税收管辖权和通过关联交易转让定价，提出了有针对性的跨国并购税收制度完善措施。金哲（2015）分析了我国企业跨国并购的动因与环境，并对影响企业跨国并购的国际税收问题进行归纳总结，提出在保持"资本输出中性"的原则下完善跨国并购的税收政策。刘淼（2016）从法律视角分析了跨国并购中的税收利益冲突问题，对冲突主体、冲突客体以及冲突的表现形式展开论述，并指出各国政府的应对措施。

1.2.6 研究述评

围绕企业并购的税收问题，国内外学者从多个角度进行研究，但研究方向的差异很大。其中，国外研究内容更多关注税收对企业并购行为的影响，以实证分析为主。这主要归因于 20 世纪八九十年代，美国等西方发达国家经历了多轮并购浪潮，其税制改革也在此时进入鼎盛时期，这为研究者提供了大量的研究主题，同时，完善的企业并购数据资源和税收数据资源也为研究的开展提供了可能，评估政策效果成为这一时期研究的焦点。国外学者重点探讨了税收是否构成企业并购的动因、税收如何影响企业并购的方式以及税收对企业跨国并购决策的影响等主题，虽然研究结论并不完全一致，但基本明确了税收影响企业并购的作用机制。相比之下，国内研究更多地侧重于企业并购税收制度的完善，以规范分析为主，缺少经验证据支撑。一方面，因为作为"舶来品"的并购税制需要不断地与我国并购实践碰撞磨合;另一方面,由于企业并购税收数据资源的匮乏,给实证研究的开展带来一定的困难。

目前,国内对企业并购税收问题的研究在以下四个方面需要进一步深入:一是基于机制、机理的角度研究税收对企业并购的影响。运用经济学、法学与管理学理论为研究企业并购的税收问题搭建理论框架,重点研究二者间的内在运行机制,为企业并购的税收理论研究奠定基础。二是基于实证分析验证理论与现实的吻合性。我国目前有 3000 多家上市公司,已逐步建立起多个上市公司财务数据库,不仅如此,随着资本市场在国民经济体系中的地位和作用日益显现,相关机构对资本交易的关注持续增强,逐步建立起并购重组专项数据库资源,为研究国内企业并购问题提供了数据样本。从研究方法来看,以往针对这一领域的实证研究主要是效仿国外的经验做法,利用国外成熟的研究模型嵌套国内数据,但由于各国并购税制的差异性,不加改造的研究模型必然会造成研究结论的偏差。比如,美国并购税制中有对于股权收购在满足特定条件时可以产生与资产收购同样的税收效果,即目标企业可以调整资产税基,影响企业纳税。因此,在许多国外研究模型中,不对股权收购与资产收购加以区分。而这一情况在国内税制中并不存在,如果简单套用模型就会出现系统性错误。此外,许多国内实证研究模型的设定中不区分企业并购类型,但解释变量中却只涉及特定并购类型的税收要素,由此造成实证结果难以令人信服。三是评估企业并购税收制度的作用效果。2014 年我国企业并购税收制度迎来了一次较大的调整,特殊性税务处理适用标准中的股权(资产)收购比例由原来的 75% 下调为 50%,降低适用"门槛"是否对企业并购结构的安排产生影响,这一问题有待实证检验,并以此评估政策调整目标与效果之间的差异,进一步为优化政策提供指引。四是研究内容的扩展性方面有待加强。企业并购涉及流转税、所得税与财产行为税等多个税种,但既往研究将主要精力集中于企业所得税,缺少对并购业务全税种的通盘考虑。现行并购税制已明显出现税种间不衔接、不协调甚至不相容等问题,致使政策口径难以统一,让纳税人无所适从,亟需从整体上优化企业并购的全税种政策。另外,我国跨国并购税收制度自"两法合并"后多年来未曾修改,陈旧的税收制度难以适应跨国并购活动的快速发展,更不利于我国进一步扩大开放的国情需要,而这方面的研究凤毛麟角,需要为政策制定部门提供更多理论与实践参考。

1.3 研究内容与方法

1.3.1 研究内容

1.3.1.1 概念界定

随着我国市场经济体制改革的不断深化和资本市场的不断完善，企业并购逐渐成为一种企业产权结构调整的重要方式，"企业并购"一词也频繁出现在各类学术著作与研究成果中。然而，现行法律制度中没有对企业并购做出概念和范围的界定，导致对"并购"一词的泛化使用，特别是将企业并购与企业兼并、企业重组、资产重组等概念混同使用，容易引发认识和理解上的偏差。因此，有必要厘清企业并购的相关概念，并明确本书的研究范围。

企业并购的概念源于经济学术语，后续逐步在管理学、法学等领域使用。国外一般使用"Merger and Acquisition，M&A"来表示企业并购。其中，"M"代表兼并，包含吸收、合并、吞并之意，是指一家企业被另一家企业吸收，吸收方企业继续保留其法人资格，并且获得被吸收方企业的资产与负债，被吸收方企业终止存续。"A"代表收购，是指一家企业购买另一家企业的全部或部分所有权或财产，以实现对另一家企业所有权或财产的控制。

在我国相关法律法规中，最早使用的是"兼并"一词，具体含义是一个企业以购买等有偿方式取得其他企业的产权，使其失去法人资格或变更投资主体的行为。① 随着我国各项法律制度的逐步规范，"合并"这一词逐步替代了"兼并"。《中华人民共和国公司法》中的合并包括吸收合并和新设合并两种类型，这两种类型与"兼并"所包括的形式一致。"收购"一词则最早出现在我国证券法律制度中，《中华人民共和国证券法》将收购上市公司的方式分为要约收购、协议收购和其他方式的收购，并对每一种收购需要满足的条件予以明确，此处的"收购"主要是指取得股权的方式，即通过投资、协

---

① 国家体改委、国家计委等部门 1989 年联合发布的《关于企业兼并的暂行办法》以及财政部 1996 年发布的《企业兼并有关财务问题的暂行规定》。

议购买以及其他途径使收购方成为被收购方控股股东或实际控制人的情况[1]，它等同于经济学意义上的"股权收购"。同时，证券法律制度中也使用"资产重组"一词，《上市公司重大资产重组管理办法》就将"资产重组"定义为"上市公司及其控股的公司在日常经营活动以外购买、出售资产或者通过其他方式进行资产交易达到规定的比例，导致上市公司的主营业务、资产、收入发生重大变化的资产交易行为"。从"资产重组"的概念来看，其实质就是经济学中的"资产收购"。相比之下，我国税收法律法规中所使用的"企业重组"一词的含义和形式最为广泛，在财政部和国家税务总局发布的文件中，将企业重组定义为"企业在日常经营活动以外发生的法律结构或经济结构重大改变的交易，包括企业法律形式改变、债务重组、股权收购、资产收购、合并、分立等"[2]，税法领域的"企业重组"融汇了"兼并""合并""收购""分立"等已出现在我国相关法律法规中的所有概念，是经济学意义上标准的"重组"。不同概念间的关系见图 1-1。

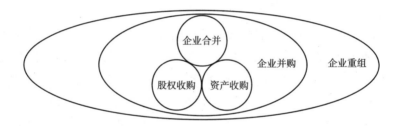

图 1-1　不同概念间的关系

由于本书重点研究企业通过有偿购买等方式取得其他企业控制权或重大经营性资产的使用权，使被收购企业失去法律主体资格或发生重大经营结构或股权结构调整的产权交易活动，因此本书界定的"企业并购"只包括企业合并、股权收购和资产收购三种行为，对于企业分立、资产剥离、债务重组、破产清算等其他与企业产权交易相关的事项不纳入本书的研究范围。

另外，企业并购作为一项以企业为交易主体、以产权为交易对象的复杂商事行为，其最核心的税收问题就是企业所得税的处理。诚然，由于交易参与方的不同，交易标的的不同，企业并购中还会涉及个人所得税、增值税、土地增值税、契税、印花税等问题，但这些税种的处理规则要么与企业所得

---

① 《上市公司收购管理办法》。
② 《财政部 国家税务总局 关于企业重组业务企业所得税处理若干问题的通知》第一条。

税的处理规则趋同，要么给予暂不征收或暂免征收，且相较于企业所得税而言这些税种的税收负担较轻，课税范围有限，对企业并购影响不大，因此本书不做重点分析。

1.3.1.2　研究框架

本书的研究框架如图 1-2 所示。

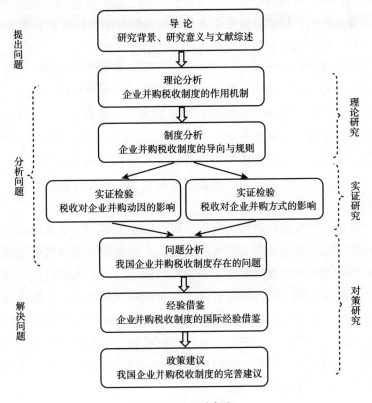

图 1-2　研究框架

本书首先界定企业并购的概念与类型，并从经济学、管理学、财务学等角度分析税收作用于企业并购的作用机理，在此基础上剖析企业并购税收制度的价值导向与技术规则。运用实证分析的方法检验税收影响企业并购的具体路径与方式，从而确定影响企业并购的核心税收要素。围绕这些核心税收要素，结合我国企业并购税收制度的现状描述，剖析税收政策与税收征管中存在的问题与不足，并提出完善我国企业并购税收制度的具体措施。

1.3.1.3 主要内容

本书共 8 章，具体内容如下：

第 1 章导论。阐述本书的研究背景、研究意义、文献综述、研究内容与方法、创新与不足。同时，本章还较为全面系统地归纳和梳理了国内外研究企业并购税收问题的经典文献、重要论述和主要观点，重点围绕税收对企业并购动因的影响、税收对企业并购方式的影响、税收对跨国并购的影响、税收影响企业并购的作用机制以及企业并购税收制度的完善这五个方面的内容，并在此基础上对国内外的研究现状进行了总结与评价。

第 2 章企业并购税收制度的作用机制。本章分别从经济学、管理学、财务学、税收学等学科领域的相关理论与方法入手，尝试构建"税收—税收制度—税收政策"与"企业并购"间作用机制的理论分析框架。具体包括从协同效应理论出发分析税收影响企业并购动因的作用机制，从新制度经济学、税收经济学等视角分析税收影响企业并购方式的作用机制，从具体税收政策的角度入手分析亏损弥补、税收优惠、税基增加以及债务税盾等四项税收因素对企业并购的影响机制。

第 3 章企业并购税收制度的分析。税收制度从不同的方面影响企业并购行为，税收制度的价值导向与技术规则是其发挥调控效果的重要原则与具体方式。由于企业并购税收制度源于西方发达国家，因此本章首先从西方发达国家企业并购税收制度的发展历程入手，按照时间的维度，详细梳理了企业并购税收制度从萌芽到成熟的完整过程，同时还对我国企业并购及并购税制的发展历程进行梳理，从而探索企业并购税收制度发展演进的一般规律，并在此基础上分析了企业并购税收制度的价值导向、立法原理及技术规则，为实证分析的开展奠定良好的基础。

第 4 章和第 5 章是实证分析。着力回答税收是否构成企业并购的动因以及税收如何影响企业并购方式两个问题。在研究样本上，选取 2009~2018 年共 10 年间我国上市公司成功完成的并购交易，分别从并购方与目标企业两个角度采集研究数据。在变量选取上，将理论分析中得出的影响企业并购的税收因素转化为具体可量化的指标变量，同时引入经过理论或文献论证可靠的控制变量。在研究方法上，采用 Logit 二元离散选择模型对相关问题加以实证检验，并进行稳健性检验，确保研究结论的准确。

第 6 章我国企业并购税收制度的问题分析。理论分析与实证分析证明税收是影响我国企业并购的一项重要因素，税收制度对企业并购可以发挥引导、促进或限制作用。本章通过对我国企业并购税收制度三项核心内容，即一般性税务处理、特殊性税务处理以及并购的反避税制度的梳理与总结，归纳制度设计中存在的问题与不足，为企业并购税收制度的完善提供明确方向。

第7章企业并购税收制度的国际经验借鉴与启示。本章分别介绍了美国、日本等西方发达国家企业并购的税收制度，围绕应税并购、免税并购、跨国并购三个方面对这些国家企业并购的税收制度进行了全方位、多角度的分析。在此基础上，通过与我国现行企业并购税收制度的横向对比，进一步总结和归纳了我国企业并购税收制度中存在的问题，并为国外并购税制成熟经验的借鉴和引入提出了可行的路径。

第8章我国企业并购税收制度的完善建议。紧紧围绕我国现行企业并购税收制度中存在的问题，并根据理论分析、制度分析与实证分析中形成的客观结论，提出着眼于符合我国现实国情、趋同国际先进经验并具有一定前瞻性的政策完善建议，力求充分发挥税收对企业并购的调控功能，营造企业并购的良好税收环境，更好地服务于经济的高质量发展。

1.3.2　研究方法

（1）规范研究法。本书从税收协同效应理论出发，以企业并购的动因及企业并购的方式作为研究的切入点，通过理论研究和规范研究的方法阐述税收影响企业并购的作用机制。同时，本书还通过规范研究的方法对国内外企业并购税收制度的演进过程进行全面回顾，以及对企业并购税收制度的立法原理与设计规则进行深入的论述，分析我国企业并购税收制度的现状及问题，并在此基础上提出企业并购税收制度的完善措施。

（2）实证研究法。本书的实证研究包括两部分内容：一是税收影响企业并购动因的分析。根据我国A股市场近10年上市公司成功并购的案例作为并购组，并按一定标准选取配对组，运用Logit模型分析驱使企业发生并购行为的税收因素。二是税收影响企业并购方式的分析。分别将并购方与目标企业的税务特征作为实证研究的自变量，以应税并购或免税并购作为实证研究的因变量，分析影响并购主体选择并购方式的税收因素。

（3）案例研究法。企业并购的税收问题作为实务领域的研究主题，对其进行规范化的学术研究可能会因高度的抽象化概括而产生理解上的复杂性，为了更好地阐述企业并购税收制度的作用机制，特别是分析我国现行企业并购税收制度中存在的突出问题，本书运用案例研究法对企业并购的交易流程和涉税环节进行全方位剖析。

（4）比较研究法。为拓宽研究视野，把握国际趋势，将国内税制改革主动融入全球一体化进程，本书运用了比较研究法，重点选取美国、英国、日本等企业并购税收制度相对成熟的西方发达国家进行比较研究，分析了各国企业并购税收制度的主要做法和先进经验，旨在挖掘可资借鉴的有益成分，有助于推动我国企业并购税收制度与国际接轨。

1.4 主要创新与不足

1.4.1 主要创新

本书的主要创新体现在三个方面：

（1）在研究视角上，本书从税收影响企业并购的作用机制出发，结合企业并购税收制度的具体规则，基于并购交易中并购方与目标企业的"双主体"，围绕并购动因与并购方式的"双问题"，从参与者这一微观视角审视我国企业并购税收制度，从而能够更为全面和客观地对我国企业并购税收制度做出评价。将税收制度与微观主体行为相结合，作为分析企业并购税收制度定位导向与完善路径的基础，具有一定的创新性，可以实现理论与实践的深度融合。

（2）在研究内容上，本书在研究内容上涵盖了税收理论与税收实践、税收制度与税收政策，并从历史变迁到现实情况，从国内分析到国际比较，对企业并购的税收制度进行了全方位、多角度、系统性的分析与阐述。特别是在问题分析与制度完善方面，本书较为深入地剖析了我国企业并购税收制度设计中存在的突出问题，并从国情实际与税收征管实践出发，遵循趋同但不雷同的原则，提出了制度性、长效性和前瞻性的完善措施，能够为企业并购税收制度的建设提供有益的参考。

（3）在研究方法上，本书从税收的角度切入，利用财务分析工具对影响企业并购的税收因素进行实证分析。在样本选取方面，选取近10年来我国上市公司并购的全样本数据，严格按照本书的研究范围与研究问题的需要，对样本进行了多轮筛选与手工整理，将不符合企业并购概念范畴的重组样本进行剔除，将不符合重大资产重组标准的并购样本进行剔除，避免样本选取偏差造成实证分析结果的不准确。在指标选取方面，不仅考虑影响企业并购的税收因素，还对其他影响企业并购的重要非税收因素加以控制，力求指标的科学与全面。在实证方法方面，采用 Logit 模型识别影响企业并购动因与企业并购方式的主要因素，保证研究方法与研究主题的一致。

1.4.2　不足之处

由于企业并购是一项多主体参与，多环节、多步骤、多税种的系统工程，因此其税收制度十分复杂，在本书的研究中，还存在两个明显的不足。

一是研究对象有待扩展。虽然企业并购的参与主体应包括所有的企业类型，但由于样本数据获取方面的限制，本书实证研究部分仅选取了我国上市公司的企业并购作为研究对象，没有将非上市公司的企业并购纳入实证检验的范围，在一定程度上影响了研究对象的全面性。

二是研究方法有待深化。本书实证分析中运用的稳健性检验方法为变量替换法，考虑到税收对并购动因和并购方式的影响是同时产生的，可以通过构建双变量的二值选择模型增加稳健性检验的方式，但由于本书两部分实证检验的研究样本分别来自目标企业和并购方数据，无法统一构建双变量的二值选择模型，因此从稳健性检验的方式上来看略显单一。

第2章 企业并购税收制度的作用机制

为了深入研究税收制度如何作用于企业并购的运行过程，需要从理论上说明税收影响企业并购的作用机制，包括税收影响企业并购动因的理论以及税收影响企业并购结构的理论。由于税收制度作用于企业并购是通过具体的税收政策实现的，因此在理论分析的基础上，本章还进一步分析了微观层面影响企业并购的税收政策因素，分别从亏损结转弥补、税收优惠承继、资产税基增加以及债务利息税盾四个方面厘清税收政策作用于企业并购的具体方式，从而为实证研究奠定理论基础。

2.1 税收影响企业并购动因的理论分析

2.1.1 企业并购动因的主要理论

企业并购虽然是一种经济行为，但目前经济学领域并没有把企业并购作为一个独立的研究对象，也没有针对企业并购动因的专门理论，并购动因理论更多集中于微观层面，且分散在经济学、管理学、财务学等多个领域。

国外学者总结和归纳出多种关于企业并购动因的理论，其中，既有企业并购活动会产生潜在社会效益的"效率理论"，也有企业并购会成为一种对外释放目标企业股票价值被低估的"信息与信号理论"；既有通过企业并购解决委托代理问题的"代理理论"，也有从降低自由现金流量削弱管理者控制权角度分析并购动因的"自由现金流量假说"。随着企业并购实践的发展和理论研究的深入，西方学者还提出企业并购可能是为了增强企业对市场的控制力，保持长期获利机会的"市场力量理论"，通过资源在企业相关利害关系人之间的再分配实现并购价值的"再分配理论"，以及通过并购实现"1 + 1 > 2"的"协同效应理论"等。关于企业并购动因的主要理论详见表2 - 1。

表2 - 1　　　　　　　　　企业并购动因的主要理论

并购动因理论	理论的主要内容	代表性学者
效率理论	该理论认为,企业并购可以改进企业效率,同时产生潜在的社会效益,而这一社会效益源于差别管理效率、经营协同、分散经营以及战略性重组以适应变化的环境所产生的效应	曼尼（1965）威廉姆森（1970）克莱因,克劳福德和阿尔钦（1978）
信息与信号理论	该理论认为,即使企业并购最终未能取得成功,目标企业也会因并购信息的发布促使市场对其股票进行重新估价,以此解决信息不对称问题,并为企业获得新的成长机会	多德和鲁贝克（1977）罗斯（1977）布雷德莱,迪塞和基姆（1983）
代理理论	该理论旨在解决所有权与经营权分离所产生的代理问题,当机构设置、薪酬安排以及外部监督等解决机制都不足以控制代理问题时,并购成为最后一个外部手段	詹森和梅克林（1976）法玛和詹森（1983）
自由现金流量假说	该理论指出,为了使公司高效运转并最大化公司的股票价格,必须将自由现金流支付给股东。在自由现金流量支出方面,与经理人和股东之间冲突相关的代理成本是企业并购的主要原因之一	詹森（1986）科普兰和李（1988）
市场力量理论	该理论认为,企业通过行业内的并购可以不断扩大其市场规模,提高企业产品的市场占有率和集中度,创造垄断利润,也就是通过并购实现规模经济	—
再分配理论	该理论认为,企业并购产生的价值增加主要来源于资源在企业利害关系人之间的再分配,比如价值从债券所有者转移到股东手中,或从劳动者手中转移到股东手中。用税收作为并购活动的解释时,也涉及资源从政府手中转移到企业手中的再分配过程	麦克丹尼尔（1986）威廉姆斯（1988）
协同效应理论	该理论认为,企业并购后的竞争能力得到增强,体现在企业并购后的现金流量净额超过两家企业并购前的预期现金流量净额之和,或者企业并购后的业绩高于两家企业单独存在时的业绩	伊戈尔·安索夫（1965）

以上理论是在西方国家相对成熟的市场经济环境下提出的,而一国企业并购的发展程度与其经济发展阶段密不可分,我国企业并购是在我国由计划经济向市场经济转型过程中产生的,因此具有计划经济和市场经济的双重烙印。从企业层面分析并购的动因,国内学者提出"产权制度改革说",认为

企业并购可以通过产权的混合搞活企业机制，并推动现代企业制度的建立，使之适应市场经济环境。另外，"利用优惠政策说"认为，我国政府在金融、信贷和税收等领域制定了多项支持企业并购的优惠政策，一些企业是为了利用这些优惠政策而实施并购。"政府推动说"则从政府层面分析企业并购的动因，该学说认为政府主管部门为了优化产业结构，促进政企分离，消灭亏损企业，减轻财政负担而积极推动企业并购，构成了我国企业并购一项独具特色的动因。

2.1.2 企业并购的协同效应理论

在众多的企业并购动因理论中，协同效应理论为税收影响企业并购提供了一个合理的分析框架。协同效应（synergy effects）原本是化学领域的一个概念，是指多种化学组分调剂在一起的作用超过单一应用时的效果。20世纪60年代，美国学者伊戈尔·安索夫（H. Igor Ansoff，1979）在企业管理领域引入协同效应理论，虽然只是效率理论的一个衍生品，但协同效应理论逐渐成为企业并购理论的一个重要分支。协同被认为是收购企业与被收购企业之间匹配关系的一种理想状态，并通常表述为"2+2=5"，具体含义是两个或两个以上的企业通过并购所获取的价值超过其各自单独运作时的价值之和。虽然美国60年代中后期的并购浪潮中过度夸大了协同效应的功能，但通过对企业股权架构与经营模式的重新组合，的确可以获取正的投资净现值，这也正是企业并购协同效应的内涵所在。获取协同效应作为企业并购发生的一个重要动因，逐渐成为学者们集中研究的热点。关于企业并购协同效应的分类详见表2-2。

表2-2　　　　　　　　　企业并购的协同效应分类

代表人物	协同的类型
鲁梅尔特 （Rumelt，1974）	财务协同
	经营协同
柴特基 （Chatterjee，1986）	合谋协同
	经营协同
	财务协同

续表

代表人物	协同的类型
卢巴金 （Lubatkin，1987）	技术的协同
	货币的协同
	多角化的协同
J. 费雷德·威斯通等 （J. Fred Weston）	管理协同
	经营协同
	财务协同

虽然分类方式各不相同，但基于效率理论的内涵和企业并购实际产生的协同效果，本书认为将企业并购的协同效应分为管理协同、经营协同和财务协同更为恰当。

企业并购的管理协同效应（managing synergies）是差别效率理论更为严谨的表述，管理协同效应认为，由于企业之间的管理效率存在差异，就会导致效率高的企业并购效率低的企业能够提升后者的管理效率，这将不仅带来私人的利益，也会促进社会效益的整体提升。特别是一些从事相似经营但管理效率存在差异的企业间最有可能为了获取管理协同效应而发生并购，这就为横向并购的产生提供了一个合理的理论解释。此外，管理协同效应还体现在对过剩管理资源的利用以及管理费用的节约上，如果企业管理团队的管理能力超出了企业日常经营管理的需求，则可以通过并购的方式转移过剩的管理能力，当多个企业置于同一管理团队的管理下，管理费用可以得到有效的分摊，单位管理成本将得到大大的节约。

企业并购的经营协同效应（operating synergies）是指通过企业并购实现企业生产经营效率的提升，从而带动企业经营业绩的提升。由于假定规模经济的存在以及规模经济的不可分性，两个相同或相似经营类型的企业并购后，可以获取经营过程（如供、产、销）或管理环节（如人、财、物）的规模经济，还可以将较大单位的资本投入分配给更大单位的产出，从而降低单位成本并提高企业的盈利，这一机制的发挥主要产生于企业的横向并购。纵向并购也同样具有经营协同效应，纵向并购有助于减少商品流通的中间环节，节约交易成本，加强生产各环节的协作化配合，节约联络费用（威廉姆斯，1975；阿罗，1975）。由于兼具横向并购与纵向并购的特征，混合并购获取经营协同效应是不言自明的。

企业并购的财务协同效应（financial synergies）是指企业通过并购过程和

并购结果获取财务上的利益。财务协同效应是在 20 世纪 60 年代混合型企业大量涌现的背景下产生的，理论上管理协同主要适用于横向并购，但实践中出现了大量的混合并购，说明在管理协同效应以外一定存在着其他的协同效应。其中，最重要的观点是企业并购可以降低资金成本。一方面，当被并购企业出现破产危机时，其内部资金的特征通常表现为数量少、成本高，如果此时出现一个拥有充裕现金流的并购企业发起并购，则能够降低资金的综合成本，并化解被并购企业的破产危机；另一方面，企业并购将引导资金从低利润的生产活动流向高利润的生产活动，从而提高资本分配效率并降低资本成本。对此，威廉姆森（1975）做出过详细的论述："如果存在收益留存的偏差，并且由于按来源对现金流量进行分配构成了严重的投资约束的话，以不同行业间混合的形式组织起来的经济系统就要优于专业化的经济体系……在混合企业经济系统中，现金流量不管来源于何处，都不会被产生这些资金的部门自动地留存，而是以收益为基础来进行分配"。除了降低资金成本外，并购的财务协同效应还体现在企业举债能力的提升。特别是在混合并购中，当并购企业与被并购企业的现金流非正相关时，企业并购所产生的"内部现金流转"和"联合债务担保"效应可以显著改善企业的偿债能力，提升企业的筹资能力，并降低企业的筹资成本。

2.1.3 税收协同效应理论与企业并购

税收协同效应（tax synergies）是指通过企业并购减少企业的税收负担，从而为企业及其股东创造利益。实际上，企业并购的税收协同效应一般并不是单独提出的，而往往被作为财务协同效应的一个分支，但无论是单独提出还是嵌入其他的协同效应中，税收协同效应都构成企业并购协同效应理论的一个重要方面，因为即便并购的目的是获取其他的利益，但交易双方仍会为了减少并购的税收负担而对交易方式进行调整。

一方面，税收协同效应可以产生放大财务协同效应的效果。企业并购财务协同效应的一个重要体现就是降低资金成本，特别是并购后企业内部资金规模的扩大增加了投资活动的内部化，有利于发挥内部资金节约交易成本的优势。同时，一些国家基于鼓励扩大投资的角度，对内部资金的再投资给予递延纳税、暂免股息分红税等税收优惠待遇，降低了内部资金的使用成本，放大了财务协同的效果。财务协同效应还指出，企业并购扩大了企业的规模，提升了企业的举债能力，这也会带来企业税收上的节约。与股东分红只能税后列支不同，债务所产生的利息费用可以在企业所得税前扣除，这就使得债务资本收益对应的税收由企业转移给了债权人，节约了企业的税收，为并购方企业及其股东带来双重收益，进一步放大了财务协同的效果。

另一方面，税收协同效应有时可能会被单独考虑。税收协同效应往往依附于其他协同效应发挥作用，这种附带利益说明企业一般并不是以单一获取税收协同效应而进行并购的，但税收协同效应确实会构成企业并购的一项动因。艾克堡（Eckbo，1983）指出，企业并购能够产生更好的避税效果，某些并购行为就是基于税收最小化而设计和考虑的。例如，一个具有大量的累计经营净亏损的企业成为被并购对象的可能性大大增加，因为根据所得税制度中的免税并购规则，被合并企业的经营净亏损可以结转至合并企业扣除，这就会使盈利企业有并购亏损企业的动机。特别是在具有关联的横向并购中，母子公司股权架构的拆除时常会伪装成"获取管理协同效应"，而取得税收协同效应可能才是真实目的。同样，在关联的纵向并购中也会存在以获取税收协同效应为目的的并购，这主要是与一国的流转税制相关，通常"业务转让"不在流转税征税范围之列，交易内部化可以避免在中间阶段支付商品劳务税。

如果仅从单一的获取税收协同效应的目的出发，并购活动常常被看作是企业与财政部门之间的一场"零和博弈"，因为税收利益不过是从征税者（政府）向纳税者（企业）的一种再分配。然而，此类并购也可能会通过消除税收方面的损失而促进更有效率的行为，这样的并购就是一种合意的行为，应给予一些政策上的倾斜。比如，通过并购消化了未弥补亏损有助于企业增加新的投资，特别是固定资产加速折旧的加持，会进一步提高企业的投资意愿。相反，如果某些并购涉及在经济体系的其他部门使用实际资源或扭曲税收，那么这样的并购对社会而言就是不可取的，应该通过相应的政策手段予以调整或干预。

2.2　税收影响企业并购结构的理论分析

作为企业并购市场法律体系的一个重要构成，税收的功能不仅体现在作为一种公共政策手段影响企业并购的外部环境，同时也影响着参与企业并购的微观经济主体的行为决策，这种影响主要体现在对企业并购结构的影响，包括并购决策的选择、并购方式的选择以及融资方式的选择。

2.2.1 税收对企业并购决策的影响

考虑在一个完全竞争市场中存在两家企业 A 企业与 B 企业，二者处于同一行业，生产同种产品，且产品定价基本相同。其中 A 企业由于管理水平、营销策略等方面的优势，有着较强的盈利能力，而 B 企业则陷入经营困境，存在连续亏损，成为潜在的被并购对象。

将 A 企业的利润函数写为：

$$\pi = TR_A - TC_A = p \cdot q_A - (F_A + c_A \cdot q_A) \qquad (2-1)$$

其中，p 为产品价格，q_A 为 A 企业的产量，F_A 为固定成本，c_A 为变动成本。

假设在现有规模下，A 企业能够实现的最大化产出为 $\bar{q}_A$，在不考虑税收的情况下，A 企业利润最大化可写为：

$$\max\pi = \max\left[p \cdot q_A - (F_A + c_A \cdot q_A)\right] \qquad (2-2)$$

$$s.t. \quad \underline{q}_A \leqslant q_A \leqslant \bar{q}_A$$

根据利润最大化方程求得利润最大化产量为 q_A^*，此时 $MR_A = MC_A$，q_A^* 即边际成本曲线与边际收益曲线的交点处对应的产量。而现实生产规模下最大化产出仅为 $\bar{q}_A$，只要 $\bar{q}_A \leqslant q_A^*$，企业可以持续增加产量以获取利润最大化，直至二者相等。而短期内受制于资本投入等方面的限制，A 企业很难继续扩大产量，这样就会存在一个收益损失的区间，其面积就是 $(\bar{q}_A, q_A^*)$ 区间内边际成本曲线低于边际收益线的区间面积。

追求利益最大化的企业在内部产量提升不可行的情况下，可以通过横向并购寻找外部扩张机会，此时与 A 企业存在高度同质性的 B 企业成为被并购的目标。在完全竞争市场条件下，A 企业并购 B 企业并不足以产生市场势力，产品价格仍为 p，但并购后 A 企业可以对 B 企业未充分发挥的生产能力加以利用，从而实现利润最大化产量 q_A^*，并购后企业获得了与之前 A 企业生产能力不足所形成的损失相等的收益，记为 S_{AB}，这一收益就是企业并购所创造的。但现实中，企业并购会产生交易成本 C_{AB}，A 企业还需要向 B 企业的股东支付并购对价 P_{AB}，B 企业并购前的剩余资产价值 E_B 与未弥补损失 L_B 一并转移至 A 企业，这样，A 企业所获得的并购增量收益为：

$$\Delta \pi_A = S_{AB} - C_{AB} - P_{AB} + E_B - L_B \qquad (2-3)$$

只要 $\Delta \pi_A \geqslant 0$，即 $S_{AB} \geqslant C_{AB} + P_{AB} - E_B + L_B$，并购对 A 企业而言就是有收益的，A 企业可以更好地获取规模报酬所带来的利润增加。

此时，如果将税收因素考虑在内，上述并购增量收益的方程中，S_{AB} 将被课征税率为 t 的所得税，税后收益变为 $(1-t) \cdot S_{AB}$，同时，A 企业并购前实现的利润 I_A 也将同样被课征所得税，对并购增量收益而言损失了 $t \cdot I_A$。被并购企业 B 的亏损可以起到抵销 A 企业税前利润的作用，从而减少应缴纳的所得税，增加了并购增量收益 $t \cdot L_B$，此时式（2-3）改写为：

$$\Delta \pi_A = (1-t) \cdot S_{AB} - C_{AB} - P_{AB} + E_B - L_B - t \cdot I_A + t \cdot L_B \qquad (2-4)$$

并购可行性条件 $\Delta \pi_A \geqslant 0$，则有：

$$S'_{AB} \geqslant \frac{C_{AB} + P_{AB} - E_B + L_B + t \cdot (I_A - L_B)}{1-t} \qquad (2-5)$$

由于 $0 \leqslant t \leqslant 1$，因此 $S'_{AB} \geqslant S_{AB}$，也就是说，并购的可行性条件变得更高了，税收因素的引入加大了企业并购发生的难度。

可见，税收作为一项制度变量引入到企业这一微观主体的行为之中，并通过激励与限制这样一对互斥的作用力影响企业的并购行为。企业在并购决策中，必须要对税收因素加以考虑，以寻求并购收益的最大化。税收对企业并购的影响是通过具体的税收制度加以实现的，其中影响较为直接的包括资本利得税和股息税。

2.2.1.1　资本利得税对企业并购的影响

资本利得税是对转让资本资产（如股票、债券、房地产、贵金属等）获得的资本增值所课征的一种特定所得税。资本利得的获取本身就具有一定的风险性，对该笔所得课税会对资本交易造成一定的阻碍，特别是资本利得税的开征可能会使投资者产生惜售心理，影响资本交易的运转和资本利得的实现，进而形成所谓的资本锁住效应（lock-in effect）。这种效应对资本交易和证券市场都会产生许多消极影响，如降低资本的流动性，影响投资组合效率，影响投资者预期的准确性以及引发投资资产组合的扭曲。资本利得税产生锁住效应的根本原因就在于它在资产收益的衡量比较中嵌入了一个税收楔子（tax wedge），这一税收楔子的大小直接影响资本锁住效应的大小，而影响和决定税收楔子的关键因素就是资本利得税的税率。

考虑一个处置原有资本资产并进行更新投资的决策，是否作出这一决策的关键在于新的投资所产生的收益能否大于等于现有资本资产的收益，可以写为如下关系式：

$$S \cdot [M - (M - C) \cdot t_g] \geq H \cdot M \qquad (2-6)$$

其中，M 是资本资产当前的市场价格，C 为资本资产的成本，t_g 为资本利得税税率，H 为预期收益率，S 为新的投资收益率。$(M - C) \cdot t_g$ 代表处置现有资本资产需要缴纳的资本利得税，$[M - (M - C) \cdot t_g]$ 则表示处置现有资本资产的税后净收益，新的投资收益即为 $S \cdot [M - (M - C) \cdot t_g]$。如果不处置现有资本资产，未来将会产生股息等非利得收益，在预期收益率为 H 的情况下，现有资本资产的收益为 $H \cdot M$，售旧换新的条件是 $S \cdot [M - (M - C) \cdot t_g] \geq H \cdot M$。

式（2-6）可改写为 $S \cdot \left[\dfrac{M - (M - C) \cdot t_g}{M} \right] \geq H$，令 $T = \dfrac{(M - C) \cdot t_g}{M}$，可进一步改写为 $S \cdot (1 - T) \geq H$。

T 可以视为一个综合税收楔子，受到资本利得占资本资产市场价值的比重以及资本利得税税率两个因素的影响，这两个因素也进而影响资本锁住效应。可见，降低资本利得税税率能够减轻资本锁住效应，激励企业扩大投资。世界各国为了鼓励企业并购行为，通常采用对资本利得给予免税或低税率。其中，免税并不是真正意义上的永久豁免，而是一种纳税递延，只是减轻了企业并购当期的税收负担；而降低资本利得税税率则能够切实减轻纳税人负担。从美国有效资本利得税税率调整与企业并购交易数量的对比关系（见图2-1）中不难发现，资本利得税税率的变化对企业并购的影响十分显著，二者呈现出一种负相关关系，资本利得税税率越高，企业并购行为越不活跃；相反，资本利得税税率越低，企业并购行为越为活跃。

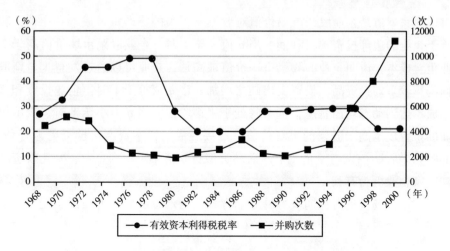

图 2 – 1 美国有效资本利得税税率调整与并购数量的变动关系

资料来源：并购次数来源于 Anon. Merrill lynch business broker-age and valuation ［J］. Mergerstat Review，1989 以及 Mergerstat. Com 公布的 Mergerstat Free Reports：M&A Activity，U. S. Cross-Border Transactions；各年有效资本利得税税率来自美国商务部网站 Http：//www. commerce. gov。

2.2.1.2 股息税对企业并购的影响

作为一种消极所得，在大多数国家的税收制度中，股息通常被征收较之资本利得更高的税率，且股息也无法享受资本利得的递延纳税优惠。同时，由于股息源自企业税后利润的再分配，股息税的征收造成了经济上的重复征税。在此情况下，理性的企业所有者更倾向于选择将股息留存于企业而不进行分配，这种股息锁定于企业内部的情况通常被称为"受困权益"（trapped equity）。有多种方式可以解决"受困权益"问题，一种是通过股票回购的方式避免更高的股息税，但这种方式可能导致股权过度集中从而侵害中小股东利益，还会因存在避税的可能性而受到税法的限制。另一种是使股息资本化，待到未来出售股权时将股息转换为资本利得适用较低的税率，化解股息的歧视性税收待遇。这一方式的替代性方案就是企业并购，即企业采用并购的方式作为向资本市场分配现金的手段，将股息内含于权益中以获取资本利得。

诺贝尔经济学奖获得者詹姆斯·托宾（James Tobin，1969）提出了著名的托宾 q 值理论。这一理论主要运用于企业的投资决策分析中，特别是内部扩张与外部扩张的选择通常根据托宾 q 值进行判断，由于其中涉及到权益资本与股息因素，因而这一理论与分析"受困权益"问题息息相关。具体而言，托宾 q 值是企业股票市场价值对股票所代表的资产重置成本的比值，相当于企业的边际投资项目利润。当 q 值大于 1 时，企业股票市场价值高于企业重置成本，说明企业的股票市场价值被高估，企业可以通过发行少量新股而购买较多的投资品，投资支出随之增加。当 q 值等于 1 时，企业投资和资本成本达到动态均衡状态，资本将处于平衡阶段。当 q 值小于 1 时，表示企业的重置成本高于股票的市场价值，购买现成的资本资产比投资更为有利，此时如果收购一家与原企业生产活动类似且 q 值小于 1 的企业，要比投资新建一家企业更为有利。

假定市场投资者预期获得的分配方式仅为现金股利，下面说明托宾 q 值小于 1 时的影响。企业权益市场价值可以写为：

$$V_t = \left(\frac{1 - t_d}{1 - t_c} \right) \cdot (R_t - B_t) \tag{2-7}$$

其中，V_t 代表企业权益的市场价值，R_t 代表企业权益资本的重置价值，B_t 代表企业债务的市场价值，t_d 为股息税税率，t_c 为资本利得税税率。

根据托宾 q 值，可以得到：

$$\frac{V_t}{(R_t - B_t)} = \frac{1 - t_d}{1 - t_c} = q \tag{2-8}$$

现假定存在 A 与 B 两家企业，A 企业通过增加债务 $\Delta B_A = V_B$ 的方式收购 B 企业的股份，收购后 A 企业的权益市场价值变为：

$$\tilde{V}_A = \left(\frac{1 - t_d}{1 - t_c} \right) \cdot (R_A + R_B - B_A - B_B - \Delta B_A) \tag{2-9}$$

将 ΔB_A 用 V_B 进行替换，可得到：

$$\tilde{V}_A = V_A + V_B - \left(\frac{1 - t_d}{1 - t_c} \right) \cdot V_B = V_A + \left(\frac{t_d - t_c}{1 - t_c} \right) \cdot V_B \tag{2-10}$$

如果 $t_d > t_c$，A 企业通过并购获得了权益市场价值的增加，而 B 企业的权益市场价值不变，A 企业股东资本利得税后的净利得为：

$$(\tilde{V}_A - V_A) \cdot (1 - t_c) = (t_d - t_c) \cdot V_B \tag{2-11}$$

这就意味着，当股息税税率大于资本利得税税率的情况下，通过企业并购可以将股息资本化，即转换为资本利得，且合并后两家企业的权益市场价值会增加。如果股息税税率为 30%，资本利得税税率为 20%，并购所产生的节税价值为 10% 乘以目标企业的权益市场价值。因此，股息税影响了企业的并购规模及其创造的价值。

传统的托宾 q 值理论为基于解决"受困权益"而进行的并购提供了一个理论基础，而卡尔·马库斯（Karl-Markus，1993）则从企业的诞生与消亡的角度对这一理论进行发展，并利用财务分析模型分析了企业进行投资时选择新建或并购的决策条件。假设并购一家现存的企业存在着代理成本、执行成本等观念转换成本 c，并赋予其一个临界值 c^*，而新建一家企业则会面临注册成本及相关税费，并且新建企业所包含的权益价值仅仅是投资企业利润 q 的一部分，低于并购现存企业的权益价值。因此，只要观念转换成本在临界值 c^* 以下，并购现存企业会比新建一家企业更具优势。此时，q 的临界值记为 q^*，则 q^* 与 c^* 的关系为：$c^* = 1 - q^*$，或者 $q^* = 1 - c^*$。

可以理解为，用 1 美元投资一家新企业，给定净收益 q^*，等于并购一家现存企业获得的净收益 $1 - c^*$。这一结论的重要之处在于，税收不仅会影响企业投资的方式选择，还会对企业的资本结构，扩张规模与扩张速度产生影响。

假设 F_k 代表资本的边际收益，c_I 代表新建一家企业的边际成本，c_A 代表并购交易的边际成本，则投资决策应该满足的均衡条件是 $F_k = c_I = c_A$，意味着无论采用哪种投资方式，每追加 1 单位投资应产生同等的资本边际收益。然而，股息所得经济上的重复课税，致使企业每 1 美元的实际价值要低于名义价值，仅等于价值 q^*。当企业新建一家企业时，其机会成本为放弃的股息收益 $q^* \cdot [1 + (1 - t_c) \cdot c_I]$，在均衡时，等于从边际投资项目中获得的贴现利润 q，即 $q = q^* \cdot [1 + (1 - t_c) \cdot c_I]$，其中 t_c 为企业所得税税率，$[1 + (1 - t_c) \cdot c_I]$ 为每 1 美元投资新建的付现成本，如果相同的投资价值是通过收购另一个企业而实现的，则每 1 美元并购投资的付现成本为 $[q + (1 - t_c) \cdot c_A]$，这两种选择无差异时，要求 $1 + (1 - t_c) \cdot c_I = q + (1 - t_c) \cdot c_A$，进一步推导可得到：

$$c_I = \frac{1}{1 - t_c} \cdot \left(\frac{q - q^*}{q^*} \right) \qquad (2-12)$$

$$c_A = \frac{q}{1 - t_c} \cdot \left(\frac{1 - q^*}{q^*} \right) \qquad (2-13)$$

式（2-13）为收购方提供了一个并购决策的依据，企业并购的增长上限为收购的净边际调整成本，它等于资本减去追加单位价值乘以低估百分比。只要当并购一家企业带来的收益比直接新建一个企业产生的收益大，企业就会选择并购的方式。如果企业在并购中产生的边际成本小于 c_A，则该企业应选择通过并购的方式进行扩张，直到这一成本接近 c_A。其中，t_c 为企业所得税税率，税率越高，企业并购的成本越高；税率越低，企业并购的成本越低，较低的税率对于激励企业并购具有重要的意义。

2.2.2 税收对企业并购方式的影响

资产收购与股权收购是企业并购中两种重要的产权获取方式。选择直接持有被并购企业的经营资产开展经营活动的资产收购，还是通过持有股权方式间接控制或影响被并购企业的股权收购，这对于并购者而言有其自身经营战略等方面的考虑，但税收问题也是一项重要的影响因素，资产收购与股权收购税收待遇的差异化可能影响甚至改变企业对并购方式的选择。

在一项应税资产收购中，收购方应按照公允价值收购目标企业的资产，目标企业需要就资产公允价值与计税基础之间的差额确认所得或损失，收购方按照资产的公允价值作为其取得该资产的计税基础。如果目标企业将所获得的资产转让收益分配给股东，股东还可能就其分得的股息、红利缴纳股息税。在应税股权收购中，目标企业的股东将目标企业的股权按照公允价值转让给收购方，目标企业的股东应就转让股权的公允价值与该股权计税基础之间的差额确认所得或损失，收购方取得股权的计税基础按公允价值确定。此时，由于目标企业只涉及股东层面的变化，其资产的计税基础不发生改变，其他的税收属性也不发生转移。

税收对资产收购与股权收购的影响可以通过计算无差异价格来进行衡量，无差异价格是指目标企业股东获得同等金额现金流的前提下，资产收购与股权收购所要求的收购价格。以 CF_A 表示目标企业股东在应税资产收购中的税后现金流量，L 表示支付给目标企业股东的税后清算收益，T_L 表示目标企业股东应缴纳的清算所得税，S 表示目标企业股东的股票税基，t_{cg} 为个人投资者的资本利得税税率，P_A 表示收购净资产而支付的对价，T_A 表示资产转让所得税，A 表示目标企业资产税基，t_c 为企业所得税税率。那么，应税资产收购下目标企业股东的税后现金流量可以写为：

$$CF_A = L - T_L$$
$$= L - (L - S) \cdot t_{cg}$$
$$= L \cdot (1 - t_{cg}) + S \cdot t_{cg}$$
$$L = P_A - T_A$$
$$= P_A - (P_A - A) \cdot t_c$$
$$= P_A \cdot (1 - t_c) + A \cdot t_c$$

即　　$$CF_A = [P_A \cdot (1 - t_c) + A \cdot t_c] \cdot (1 - t_{cg}) + S \cdot t_{cg} \qquad (2 - 14)$$

我们再令 CF_S 表示目标企业股东在应税股权收购中的税后现金流量，P_S 表示支付给目标企业股东的股权收购对价，则应税股权收购下目标企业股东的税后现金流量可以写为：

$$CF_S = P_S - T_S$$
$$= P_S - (P_S - S) \cdot t_{cg}$$
$$= P_S \cdot (1 - t_{cg}) + S \cdot t_{cg}$$

两种并购方式下，股东获取同样的税后现金流量的表达式可以写为：

$$CF_A = CF_S$$
$$P_S \cdot (1 - t_{cg}) + S \cdot t_{cg} = [P_A \cdot (1 - t_c) + A \cdot t_c] \cdot (1 - t_{cg}) + S \cdot t_{cg}$$

经过整理可得：

$$P_A = \frac{P_S - A \cdot t_c}{1 - t_c} \qquad (2 - 15)$$

一旦确定了这一目标企业股东的无差异价格，就可以确定对于收购方而言税收成本最小化的并购方式。

假设 A 企业是一家由一名自然人股东 100% 控股的企业，股东投资成本为 200 万元，企业的资产原值（等于计税基础）也为 200 万元。B 企业拟收购 A 企业资产，资产的公允价值为 1000 万元，B 企业向 A 企业自然人股东支付 1000 万元现金，收购完成后 A 企业注销清算。资本利得与企业所得税税率均为 25%。

根据式（2 - 14），目标企业股东在应税资产收购中的税后现金流量为：

$CF_A = [1000 \times (1 - 25\%) + 200 \times 25\%] \times (1 - 25\%) + 200 \times 25\% = 650$（万元）

如果 B 企业不进行资产收购，而采取股权收购，为了保证 A 企业股东获得同样的税后净收入，股权收购的价格可根据式（2-15）得到：

$$1000 = \frac{P_s - 200 \times 25\%}{1 - 25\%}$$

$$P_s = 800$$

股东在获得相同税后净收入时，股权收购的对价仅为 800 万元，比资产收购中收购方所需支付对价减少 200 万元。但是，资产收购可以带来资产计税基础增加，由此可以形成更多的折旧税前扣除的利益。假设资产按照 10 年折旧，税后折现率为 10%，则目标企业资产计税基础增加的部分即 800 万元可以产生每年额外的 80 万元的折旧额，进而产生 20 万元的税前扣除额。在10% 的折现率下，10 年共计产生的税前扣除收益为 122.9 万元，相当于使资产收购的对价减少 122.9 万元，但即便如此，资产收购价格仍然为 877.1 万元，高于股权收购的价格。

虽然上述方程式显示的结果是股权收购优于资产收购，·但并不能因此说明股权收购严格优于资产收购。比如，如果标的资产自身享受税收优惠，则其收购后将给收购方带来额外的税收利益，而上述方程式并未将这一可能存在的税收优惠因素考虑在内。再如，股权收购后股东的实际收益将受到目标企业净收益获取能力的影响，如果目标企业存在大量负债，显然会对这一收益带来不利影响，相当于目标企业将负债通过留存收益转移给了收购方。

尽管存在分析因素不全面等问题，但不可否认，税收因素是影响企业并购方式选择的重要因素，任何一项并购交易都要对税收问题加以考虑，并通过合理的选择和安排实现并购收益的最大化。对于政府而言，也需要关注不同并购方式的税收待遇，尽量在企业并购税收制度设计中避免由于税收待遇的差异性而形成的择利空间，也尽量减少由此所产生的违背企业真实意图的避税型并购。

2.2.3 税收对企业并购融资方式的影响

企业决定通过并购实现扩大化经营或提升管理效能，并据此有效选择并购方式，接下来需要解决的问题就是并购融资问题。企业可以通过债务融资或权益融资两种外部融资的方式解决并购对价支付问题。具体确定哪一种融资方式，是单一方式或组合方式，取决于该种融资的可获取性以及融资成本。

税收作为影响企业融资成本的一项重要因素，会间接影响企业并购支付方式的选择，而并购支付方式的不同，又会对并购的交易方式产生影响，即企业并购是按照应税并购处理还是免税并购处理。

债务融资与权益融资是企业资本结构的重要研究内容，而税收与资本结构的相关问题研究最早可追溯至 1958 年莫迪利亚尼和米勒在《美国经济回顾》上共同发表的著名论文——《资本成本、公司融资和投资理论》（M&M 理论）。莫迪利亚尼和米勒（1958）首先考察的是完全资本市场的条件下举债经营是否会给企业创造价值。由于不存在交易成本、信息不对性、破产成本以及税收，莫迪利亚尼和米勒证明了在完全资本市场的条件下，举债经营不会带来杠杆收益，也就不会给企业带来额外的收益。结论是，在不存在缺陷的完全资本市场条件下，资本结构不影响企业价值。然而，现实市场并非完全资本市场，需要对税收因素加以考虑。1963 年，M&M 理论得到了修正，引入了公司所得税，考虑税收对举债经营产生的影响。在修正的模型中，举债经营能够增加企业价值，而这一价值增加量的现值等于 $t \cdot D$，t 代表企业所得税税率，D 代表债务的金额。也就是说，相比于全部进行权益融资，债务融资可能为企业创造由于债务利息税前扣除而带来的节税价值，债务融资的这一功能被形象地称为"税盾"。

如果债务融资严格优于权益融资，那么绝大多数企业都应该去举债经营，而现实情况并非如此，一定有某些其他不完全市场或者非税成本阻碍企业的举债经营。显然，破产成本就是一个明显的障碍，随着企业举债规模的扩大，企业债务利息支出也将明显增大，现金流压力会增加企业财务危机的可能性，严重的会导致企业破产。破产成本成为举债经营所产生的税收利益的抵减项。如果用 V_D 代表举债经营下的企业价值，V_S 代表权益融资下的企业价值，BR 代表破产成本，当考虑破产成本时，举债经营下企业价值为：$V_D = V_S + t \cdot D - BR$。据此，最优资本结构除了考虑税盾作用外，还需考虑破产成本，以二者间的权衡构建最优资本结构的理论称为权衡理论（Robichek & Myers，1966）。

此前的研究一直基于公司所得税下的最优资本结构，随着研究的不断深入，个人所得税也开始引入到模型当中。令 G_D 为使用财务杠杆所产生的收益，t 为企业所得税税率，t_e 为个人的资本利得与股息税税率，t_d 为个人利息收入所得税税率，则企业适用财务杠杆所产生的收益为：

$$G_D = \left[1 - \frac{(1-t) \cdot (1-t_e)}{1-t_d} \right] \cdot D \qquad (2-16)$$

如果个人资本利得与股息税税率低于个人利息收入所得税税率，那么财务杠杆所产生的收益就会小于税盾价值 $t \cdot D$，这表明，即便不考虑破产成本，债务融资增加的个人税收成本也会抵销债务税盾给企业带来的价值。

尽管债务融资会加大企业破产风险，增加个人税收成本，但税盾价值的客观存在毋庸置疑。每个企业都在寻求最优资本结构，这个最优资本结构就是在权益融资和债务融资间的权衡，而税收因素是企业权衡利弊所需考虑的一项重要因素。正是因为税收影响企业的资本结构，进而也会影响企业并购中融资方式的选择，税收的这种影响不仅停留在企业层面，也会扩展至股东层面，企业并购融资方式的最优选择也是基于权益融资与债务融资间的一种权衡。

2.3　税收政策影响企业并购的作用机制分析

税收协同效应作用机制的发挥是通过一国税法中特定的立法条款以及并购双方企业特定的税收属性共同实现的。为此，基于企业并购税收政策的基本规定，分析可能影响企业并购的具体税收因素，并对这些税收因素作用发挥的场景、条件以及影响加以阐明，有助于更好地理解税收制度的微观层面对企业并购产生作用的具体机制。

2.3.1　亏损弥补对企业并购的影响

2.3.1.1　亏损结转弥补对企业并购的激励

企业所得税是对企业营业活动中产生的所得课税，如何评估一个企业营业活动中的所得，关键取决于对营业活动周期的界定，最理想化的方式是以企业从成立到注销全部过程中累计获得的所得为基础，课征一次所得税。如果按照这一方式，那么假设一家企业从成立开始，前 10 年每年盈利 100 万元，后 10 年每年亏损 100 万元，随后企业注销，那么从总体上看企业在其生命周期之内并没有获得所得，不应对其课征所得税。但如果按照这一模式设计一国的所得税，恐怕政府很难及时筹集到财政收入，甚至会影响国家的正常运转。对此，各国均根据持续经营假设，采用分期的方式将企业的生命周期按年分隔，每年根据当年的营业情况确定是否缴纳所得税。同时，为了最大限度降低这一人为分割对税制原理的损害以及对企业合法权益的侵蚀，净营业亏损结转规则应运而生。

当一国所得税制允许对净营业亏损向前结转，且当以前年度应税所得大于亏损结转金额时，该笔亏损对应的税款可以在当期一次性退还，这相对于企业应就所得当期一次性纳税而言是"对称的"；如果以前年度应税所得小于亏损结转金额，未弥补完的部分向后结转，相当于无法在当期一次性退还亏损对应的税款，这样的亏损弥补相对于所得的一次性确认而言就是"非对称的"。除美国、英国、加拿大、日本、德国、法国等少数几个国家允许净营业亏损既可向前也可向后结转弥补外，大多数国家均规定净营业亏损只能向后结转，且设定了一定的结转弥补期限，旨在防止企业出现"长亏不倒"规避纳税，在一定程度上激励企业尽快扭转经营状况。而这种有弥补期限的亏损结转规则通常造成了所得税的非对称性，特别是弥补期限越短，非对称性就越强。其中，俄罗斯、韩国、意大利等国的后转弥补期是 5 年；芬兰、挪威、西班牙的后转弥补期是 10 年，美国自 1997 年开始，前转弥补期由 3 年缩短为 2 年，后转弥补期由 15 年延长至 20 年[①]。我国现行企业所得税法只允许亏损向后结转弥补 5 年，除非属于特定类型企业可以向后结转弥补 10 年[②]，因此所得税的非对称性较强。

如果一家企业连续遭遇亏损而累积了较大的净营业亏损额，那么该企业很有可能成为被并购的目标。在适用免税并购规则的企业合并下，被合并企业的净营业亏损可以有条件地结转至合并企业继续弥补，也就是说，如果一家盈利企业吸收合并一家亏损企业，前者相比后者能够更好更快地消化亏损，就会产生为获取净营业亏损而进行并购的激励。那么，非对称税制下盈利企业并购亏损企业是否可以提升盈利企业的市场价值？马库斯（Markus M. K.，1993）进行了数学推导。

---

① 1997 年美国《减税法案》（Taxpayer Relief Act of 1997）。

② 《财政部 税务总局关于延长高新技术企业和科技型中小企业亏损结转年限的通知》规定："为支持高新技术企业和科技型中小企业发展，自 2018 年 1 月 1 日起，当年具备高新技术企业或科技型中小企业资格的企业，其具备资格年度之前 5 个年度发生的尚未弥补完的亏损，准予结转以后年度弥补，最长结转年限由 5 年延长至 10 年。"

假设企业的价值为 V_t，x_s 为企业当期的应税所得，τ 为企业所得税税率，$\bar{L}_s$ 为当期可扣除亏损限额，ρ 为贴现率。在一个对称性的所得税制中，企业的价值是企业未来税后现金流量的现值，用公式表示为：

$$V_t = \sum_{s=t}^{\infty} \left[x_s - \tau(x_s - \bar{L}_s) \right] (1 + \rho)^{-(s-t)}$$
$$= \sum_{s=t}^{\infty} x_s (1 + \rho)^{-(s-t)} - \sum_{s=t}^{\infty} \tau(x - \bar{L}_s)(1 + \rho)^{-(s-t)} \qquad (2-17)$$

式（2-17）右侧第一项代表企业未来税前所得的折现值，简记为 Y；右侧第二项代表企业应纳所得税税额的折现值，简记为 T。如果两个单独运行的企业进行合并，那么合并所产生的价值总和为：

$$V = V_1 + V_2 = (Y_1 + Y_2) - (T_1 + T_2) \qquad (2-18)$$

如果企业所得税是非对称的，那么独立企业每期的应纳所得税税额为：

$$T_t = \tau \cdot \max[x_t - \bar{L}_t, 0] \qquad (2-19)$$

两个企业合并后，每期的应纳所得税税额为：

$$T_t = \tau \cdot \max[x_1 + x_2 - (\bar{L}_1 + \bar{L}_2), 0] \qquad (2-20)$$

以上推导过程表明，相对于独立企业每期的应纳所得税税额，企业合并后是否可以带来节税效果，只需要证明企业合并后总的应纳所得税税额小于等于独立企业的应纳所得税税额之和。

$$\tau \cdot \left\{ \max[x_1 - \bar{L}_1, 0] + \max[x_2 - \bar{L}_2, 0] \right\}$$
$$= \tau \cdot \max\left\{ x_1 - \bar{L}_1 + \max[x_2 - \bar{L}_2, 0], \max[x_2 - \bar{L}_2, 0] \right\}$$
$$\geq \tau \cdot \max\left\{ x_1 - \bar{L}_1 + \max[x_2 - \bar{L}_2, 0], 0 \right\} \qquad (2-21)$$
$$\geq \tau \cdot \max\left\{ (x_1 - \bar{L}_1) + (x_2 - \bar{L}_2), 0 \right\}$$

在现值条件下，可以得出合并后的企业价值 $\tilde{V}$ 大于合并前两个企业单独的企业价值之和：

$$\widetilde{V} \geq (Y_1 + Y_2) - (T_1 + T_2) \qquad (2-22)$$

下面通过一个简单的例子做进一步说明，假设 A 企业在第 1 期前存在未弥补亏损 100 万元，第 1 期产生税前所得 75 万元，此后各期均产生税前所得 100 万元；B 企业每期均产生税前所得 100 万元，折现率按照最长期限国债率近似值 5%，所得税税率为 25%，期数取无穷期。

表 2 – 3		企业经营情况及现金流量			单位：万元
期数	1	2	3	⋯	∞
亏损额	– 100	—	—	—	—
税前所得	75	100	100	⋯	100
应纳所得税	0	18.75	25	⋯	25
现金流量	75	81.25	75	⋯	75

表 2 – 4		企业经营情况及现金流量			单位：万元
期数	1	2	3	⋯	∞
亏损额	—	—	—	—	—
税前所得	100	100	100	⋯	100
应纳所得税	25	25	25	⋯	25
现金流量	75	75	75	⋯	75

由于第 1 期期初亏损 100 万元，第 1 期税前所得 75 万元，因此不需缴纳所得税，第 1 期现金流为 75 万元；第 2 期继续弥补剩余的 25 万元亏损，只需缴纳所得税 18.75 万元，现金流为 81.25 万元，此后每期均产生稳定的现金流 75 万元。

A 企业未来现金流折现值可以视为永续年金 75 万元的折现值加上第 2 期由于弥补亏损少交所得税而额外得到的 6.25 万元（81.25 – 75）现金流折现值之和：

$V_A = 75 \div 5\% + 6.25 \times (P/F, 5\%, 2) = 1505.67$（万元）

B 企业未来现金流折现值可以视为永续年金 75 万元的折现值：

$V_B = 75 \div 5\% = 1500$（万元）

两家企业的价值之和为：

$V_A + V_B = 3005.67$（万元）

现在假定 B 企业吸收合并 A 企业，合并后现金流量如表 2 – 5 所示：

表 2 – 5 合并后企业经营情况及现金流量 单位：万元

期数	1	2	3	...	n
亏损额	– 100	—	—	—	—
合并税前所得	175	200	200	...	200
合并应纳所得税	18.75	50	50	...	50
合并现金流量	156.25	150	150	...	150

合并后企业价值 V_{AB} = 6.25 + 150 ÷ 5% = 3006.25（万元）

$V_{AB} > V_A + V_B$，即合并后企业价值大于合并前两个企业单独的价值之和，原因就在于企业合并使被合并企业的亏损更早一期被完全弥补，从而形成了货币的时间价值，如果 A 企业第二期的税前所得小于 25 万元，则意味着不进行企业合并，这一亏损将继续向后结转弥补，从而使得独立企业的价值之和更低。

实证研究结果也支持上述理论，美国经济学家阿伦·J. 奥尔巴克和大卫·雷萨斯（Alan J. Auerbach & David Reishus，1986，1987）发表了三篇关于税收影响企业并购行为的论文，对美国 1968 ~ 1983 年发生的 318 宗并购交易按照并购企业双方的纳税情况分成四组进行实证分析，均发现亏损弥补与税收抵免的结转使用构成企业并购的一项重要的动因。实证结果显示，在全部样本中大约有 1/5 的并购交易获取了潜在的亏损结转弥补利益，这一利益平均达到目标企业市场价值的 13.7%。

对于非对称性税制所引发的并购激励学说通常是建立在并购双方中有一家企业有可结转弥补的亏损。但马吉德和梅耶斯（1984）提出，即便两家均为盈利企业，通过并购仍然可以减少未来的纳税义务。政府对企业的征税权可以视为购入了一项期权组合，标的资产就是企业每年的经营现金流量。当经营现金流量为正时，政府行权对企业征税；当经营现金流量为负时，政府放弃行权。根据期权定价理论，标的资产收益率的波动性越大，期权价值越高。对于以经营现金流量为标的的期权而言，降低经营现金流量的变动性意味着期权的价值下降，而企业的价值是经营现金流量减去期权的价值，期权价值的下降自然会使得企业价值上升。换句话说，期权价值下降意味着政府征税收益下降，企业节约了税收等同于企业价值的上升。两家企业合并后会降低经营现金流量的变动性，因为并购后一家企业的利润会因另一家企业的损失而抵销从而节约税收，合并企业未来纳税义务的现值降低。特别是两家企业的经营现金流量的相关性越小，这种效应就越大。

2.3.1.2 亏损结转弥补的适用条件

基于获取净经营亏损结转弥补利益的并购具有其适用条件。通常来说，独立企业均具有独立的法人资格，也就具有了独立的纳税主体资格，如果企业并购后两家企业依然保留其原有的独立法人资格，那么其独立的纳税主体资格也不应发生改变，其各自的税收待遇不能结转使用，比如股权收购、资产收购都不会影响并购双方的主体资格，仅仅是其股权结构或内部资产组合的变化。如果企业并购致使并购一方的法人资格消失，那么其纳税主体资格也应注销，相应的税收待遇不复存在。企业合并就会产生后一种效果，无论是吸收合并还是新设合并，被合并方法人资格注销，纳税主体资格消失，被合并方全部净资产组合与债权债务关系、劳动力等转移到合并方中。但免税并购制度突破了法律形式上的"人格消失"，只要满足"利益持续"原则，被合并方的税收待遇不灭失，允许由合并方承继。因此，净经营亏损结转机制发挥作用的场景仅限于适用免税并购规则的企业合并业务。①

2.3.2 税收优惠对企业并购的影响

2.3.2.1 获取税收优惠对企业并购的激励

由于税收优惠具有收入自偿、税负均衡、结构调整、社会公平等政策效应，成为各国政府间接调控经济社会发展的有效手段。从税收优惠的调节导向上看，主要包括对促进产业结构优化的优惠，对协调区域发展的优惠，对鼓励科技进步的优惠，对带动群体就业的优惠，对保护环境的优惠以及对小微企业扶持的优惠等。从税收优惠的实施方式上看，所得税税收优惠主要分为税基式优惠和税额式优惠，前者通过对收入或所得的减免以及对成本支出的加大等方式降低应纳税所得额，进而降低应纳税额；后者则是对所得税税额进行直接的减免，减轻企业纳税负担。

与净经营亏损结转对企业并购的激励机制相似，通过企业并购实现税收优惠在企业之间的转移使用，可以为并购方带来节税利益。税收优惠之所以

---

① 企业分立业务满足一定条件也可以适用免税并购规则，也存在净经营亏损结转弥补机制，但本书探讨的是兼并和收购业务，不涉及分立，因此在此不做分析。

具有较强的激励效应，主要有两方面的原因。一方面，一国税收负担的轻重程度直接关系企业的生存与发展，持续性优化税务结构，降低企业的税收成本，是企业财务战略的重要目标。而税收优惠通过直接减免、减计收入、增加扣除等方式，可以有效降低企业的税费负担，用好用足税收优惠成为一种合理合法的筹划技术。通过企业并购获取被并购方税收优惠，或通过并购而使原不具备享受税收优惠资格的企业符合了相应的条件，这对企业而言具有一定的激励效果。另一方面，税收激励理论指出，税收政策会以税收抵免机会、增产增购机会、并购债务抵税等多种方式对企业是否并购产生影响。并购主体间税收待遇的差异性以及交易的双边性都无形中放大税收优惠的作用效果，而这种效果并不会受制于并购双方盈利能力的影响，因此税收优惠为企业并购提供了动力。

2.3.2.2　税收优惠承继的适用条件

除股权收购外，资产收购和企业合并都会产生税收优惠转移的效果。通常，针对某一特定项目的税收优惠，只要项目实质及适用税收优惠的条件不发生改变，项目在不同主体间的平移不会影响项目优惠的享受。而针对某一主体的税收优惠，需要根据并购特征及其适用的税务处理方法进行判定，如果适用应税并购，被并购主体法人资格消失，税收优惠也随之消灭，不涉及税收优惠的转移问题；如果适用免税并购，被并购主体的税收优惠事项由新主体承继，税收优惠的金额需要根据税收优惠剩余年限以及并购日资产占比等因素加以分配计算。

2.3.3　税基增加对企业并购的影响

2.3.3.1　资产计税基础增加对企业并购的激励

企业所持有的资产通常情况下都是以其取得时的历史成本作为计税基础，在资产的持续使用期间，资产的法定折旧允许税前扣除，同时，资产的计税基础伴随资产的法定折旧逐期递减。然而，考虑到通货膨胀因素以及特定资产（如土地使用权）的稀缺性，资产的历史成本可能远低于现时资产的重置成本或公允价值，持续使用期间资产折旧的扣除仅相当于补贴了资产重置成本的一小部分。此时，通过资产的出售可以增加资产的计税基础，提供增大此类补贴的一种渠道。

资产计税基础增加一般被认为是收购方企业的一项有利税收因素。当收购方为收购一项应计折旧资产支付的价格超过目标企业账面上该资产剩余的计税基础时，就会产生一个价值的增加。收购方按照收购价格重新确定该资产的计税基础，并可以按照这个较高的价值进行折旧的税前扣除，从而降低了收购方的税收负担。特别是当资产因加速折旧而使其账面价值显著低于公允价值时，可以通过资产的多次"注销"而实现资产价值的改变，这种方式被称为资产搅拌（asset churning）。美国 1980 年推出的"分期收款销售法"使分期收款销售成为一种更为有效的方式来促进资产出售。该法案将发生在企业并购中的资产出售收益分解为两部分，其中已折旧部分确认为"一般性收入"，其余部分确认为"资本利得"，以此降低资产出售方税收成本现值，这就使企业并购相对于一般的资产出售具有更大的税收优势。1981 年美国推出经济复苏税收法案，进一步鼓励资产出售，不仅提高了资产的计税基础，而且加速折旧的进度。尽管这些法案在美国 1986 年的税收改革法案中被大幅度限制使用，但法案对企业并购行为的激励效果有目共睹。特别是 1986 年税收改革法案生效前，引发了 1986 年后半年美国企业并购活动的大规模增加。美国经济学家卡拉·海因（1989）在对发生于 1970 ~ 1985 年间的 640 家并购企业进行实证研究发现，目标企业资产计税基础增加所形成的收益能够占到目标企业股权价值的 24%，对收购企业而言也可以达到其股权价值的 4% ~ 6%。

2.3.3.2 资产计税基础增加的适用条件

资产计税基础增加的前提是对交易中资产价值增值部分的课税，因此只有在应税并购下目标企业按照资产增值部分缴纳了所得税，才涉及并购方取得资产的计税基础按照增值之后的金额确定。如果一国对一般收益的所得税税率与资本利得的税率设置不存在差异，则可能抵销资产计税基础增加所带来的税收收益，因为转让方需要一次性确认所转让资产的增值并缴纳所得税，这一金额与收购方获取的税收收益可能是相同的，即完全抵销。然而，当转让方存在净经营亏损尚待弥补，或者转让方享受税收优惠，以及该资产在转让方不符合加速折旧政策而通过出售给收购方后满足了加速折旧条件，仍然会带来潜在的税收利益。如果收购方支付的价格超过该资产的公允价值，则超过部分应确认为商誉，部分国家如美国允许该商誉按照一定年限进行摊销扣除，进一步加大了资产计税基础增加所产生的节税效果。

2.3.4 债务税盾对企业并购的影响

2.3.4.1 债务税盾对企业并购的激励

提高财务杠杆发挥债务利息的税收屏蔽功能，能够产生节税利益。在企业并购中，如果目标企业始终维持在一个较低的资产负债率，没有充分利用举债所带来的税收扣除，并购方完全可以通过债务融资的方式对目标企业发起收购。因为此种收购通常适用应税并购规则，收购方不仅可以获得资产计税基础增加所带来的折旧税前扣除，还可以享受债务利息的税前扣除，两种抵税效果的叠加放大了并购的税收激励。

史蒂文·卡普兰（Steven Kaplan，1989）对美国 1980～1986 年间的 76 起管理层收购（management buy-outs，MBO）案例进行实证研究，分析 MBO 中产生的税收价值。在所有的并购样本中，MBO 前的资产负债率的中值仅为 18.8%，MBO 后这一比率上升至 87.8%，这说明 MBO 中发生了增量债务融资行为。MBO 后的平均股价就收购公告前 2 个月的平均股价发生了大规模提升，平均市价提升了 42.3%，由此测算的 MBO 税收价值显示，由利息扣除和折旧扣除所产生的税收价值，最低达到并购溢价的 21%，最高则达到并购溢价的 143%。默尔·埃里克森（Merle Erickson，1998）研究证明了收购企业税率与债务融资规模间的函数关系。收购企业的实际所得税税率每提高 1%，则以债务融资进行应税并购的可能性增大了 13.5%，这也进一步说明以债务融资作为支付方式的并购有助于降低企业的税负。债务融资为并购企业带来税收利益的同时，是否会减少国家的财政利益，对此詹森、卡普兰和斯蒂格林（Jensen，Kaplan & Stiglin，1989）研究了税收与杠杆收购的关系，根据美国 1979～1985 年宣布的 76 宗杠杆收购案例的研究发现，每次杠杆收购平均产生 2.27 亿美元税收收入现值的增加，而美国的财政部门损失的税收现值仅为 1.17 亿美元，相当于杠杆收购创造的收益是损失的 2 倍。

2.3.4.2 债务税盾的适用条件

债务税盾作用的大小受制于一国所得税对利息扣除的限制。比如，许多国家对非金融企业间借款利息支出的扣除进行限制，要求按照不高于同期同类金融企业的贷款利率水平进行税前扣除。主要考虑到相关法律法规对非金融企业间的借款规范性要求较少，且如果允许全额扣除，在某种程度上将会鼓励非金融企业之间的资金拆借行为，扰乱金融秩序，也容易造成避税。再如，为防止资本弱化，对企业从其关联方接受的债权性投资与权益性投资的比例超过一定标准而发生的利息支出，不允许税前扣除。这主要是为了防止企业通过加大贷款而减少股份资本的方式增加税前扣除，以降低企业税收负担，是对债务税盾的一种限制。

此外，债务税盾会对企业并购的税收待遇产生影响，以债务融资作为企业并购的支付方式不属于股权支付。各国对适用免税并购规则均有股权支付不低于一定比例的要求，如果并购中大量进行债务融资，则无法满足股权支付比例，此时的并购只能按照应税并购进行处理。虽然免税并购并不是一种真正的税收优惠，但相比于应税并购，免税并购可以推迟纳税义务的发生时间，而应税并购需要在并购交易发生的当期完成纳税。因此，一定意义上来说，债务税盾需要与应税并购结合在一起，作为企业安排并购策略的一项考虑因素。

第3章 企业并购税收制度的价值导向与技术规则

税收作为一种经济手段，不仅具有调节宏观经济的功能，还承担着调节微观经济主体经济活动的职能。税收对微观主体行为的影响是通过税收制度实现的，同样，税收对企业并购行为的影响是借助企业并购税收制度进行传导和实施的。合理的企业并购税收制度可以实现政府对企业并购的调控目标，促进企业并购的健康有序发展。通过对企业并购及其税收制度的演进过程、定位导向以及技术规则的分析，有助于进一步阐明税收制度对企业并购的影响机制。

3.1 企业并购及其税收制度的发展历程

自 19 世纪末至 21 世纪初，全球范围内先后出现了五次并购浪潮。其中，前四次并购浪潮的发源地主要在美国，大规模的横向、纵向与混合并购深刻地改变了美国的经济结构与产业结构，促使美国经济从原来以中小企业为主导的本土发展模式转变为以跨国公司为支撑的全球化发展模式。第五次并购浪潮则是在全球一体化的背景下，由美国与欧、亚两洲企业并购潮共同形成的全球性并购浪潮。

3.1.1 西方国家企业并购及并购税制的发展历程

3.1.1.1 西方第一次并购浪潮

西方第一次并购浪潮始于 1897 年，止于 1904 年，短短 8 年时间，全球共发生 2943 起并购。这一时期的并购主要发生在美国，1898 ~ 1902 年美国企业的并购数量达到顶峰，并以生产相同和相似产品的企业间的横向并购为主。① 横向并购的主要特征是优势企业并购劣势企业形成横向托拉斯，使资本集中在同一个生产领域。横向并购可以快速地实现企业扩大规模的需要，抢占市场份额，扩大竞争优势，获得规模经济，攫取垄断利润。

　　导致这次并购浪潮爆发的根本原因是现代公司制度的确立和现代证券市场的形成。虽然这两种制度安排并非因企业并购而产生，却在不同程度上推动了企业并购的发展。现代公司制度的确立实现了企业的所有权与经营权相分离，将企业所有者从企业的经营管理中解放出来，由更为专业的职业经理人发挥其专业优势。"两权分离"不仅可以实现企业管理效能的最大化，也为大规模并购的发生提供了可能性，企业所有者完全可以在不改变对企业控制权的情况下以适度的股权转让实现企业所有权结构的优化。现代证券市场的形成则为并购活动提供了必要的交易场所和融资渠道。纽约股票交易所（NYSE）、波士顿股票交易所（BSE）和费城股票交易所（PHLX）的先后设立，为企业并购提供了便利的交易平台，这一时期约有60%的并购交易都是在纽约股票交易所完成的。此外，放松的管制也助长了行业内的横向并购呈几何式增长，但当这一规模膨胀到一定程度时，就会产生行业垄断。虽然美国政府颁布了著名的《谢尔曼反托拉斯法案》应对行业集中度不断增加的问题，但由于执行不力，效果微乎其微，甚至还起到了反作用。美国一些州的相关法律为吸引资本流入提供了相当丰厚的优惠政策，进一步为企业并购的实施创造了宽松的外部条件。

　　总体来看，第一次并购浪潮中几乎没有税收的声音，究其原因主要是美国当时是以关税为主的间接税制体系，关税对非商品交易的国内并购活动没有直接的调节作用。虽然美国在这一阶段曾经开征过一段时间的所得税，但课征范围并没有将并购活动纳入其中。伴随着1904年证券市场的暴跌和随后银行业大规模的衰败，并购活动由于缺乏资金戛然而止，第一次并购浪潮至此结束。反思并购浪潮褪去的原因，不健全的监管体系、不完善的并购法规难辞其咎，这其中也包括并购税收法规的缺失。

3.1.1.2　西方第二次并购浪潮

　　西方第二次并购浪潮开始于1916年，结束于1929年。"一战"后，美国

---

① 金哲. 企业并购的税制安排［M］. 辽宁：东北财经大学出版社，2015：64.

经济开始逐步复苏并持续增长，积累了大量的产业资本，同时证券市场开始恢复，并购活动再一次活跃起来。据统计，1926～1930 年，共有约 4600 起并购案例，超过 1 万家企业被并购。[①] 由于政府对横向并购引发行业垄断的担忧，1914 年美国政府颁布了旨在预防垄断的《克莱顿法》，使横向并购的势头有所遏制，而纵向并购的优势显现出来。纵向并购主要是生产过程或经营环节相互衔接、密切联系的企业间或者具有纵向协作关系的专业化企业间的一种并购，通过将市场交易行为内部化，可以减少市场风险，节约交易费用，实现经营协同，第二次并购浪潮的主要特点就是纵向并购。

由于纵向并购有利于促进企业的经营效率，一些国家开始探索从税收角度加大对纵向并购的激励力度，通过提供税收优惠政策促进纵向并购对经济发展的带动作用。以美国为例，1913 年美国基于筹集战争经费的需要恢复了所得税的征税制度，当时的所得税税率一度高达 77%，并购交易所得视为一般性所得也要按此税率课税，致使并购主体望而却步，大量资本被锁定在投资者手中，"惜售" 情绪高涨。1918 年美国国会颁布的《税收法案》对并购税收制度进行重大调整，认为并购是企业 "必要的营业调整"，这种调整不会引发股东控制权和决策权的丧失，对并购课税将会妨碍企业正常的经营活动。最终美国国会确立了以 "降低税收待遇不确定性" 为原则的并购税收条款，对 "以股换股"（stock-for-stock）交易中原股东收取的对方支付的股票对价，只要不超过其转让给对方的股票总市价，可以在交易环节不确认收益或损失。这是企业并购税制中免税并购的雏形，尽管有许多不成熟之处，但体现了政府力求将税收对企业并购决策的消极影响降至最小的努力，体现了税收中性原则。在美国 1921 年的《税收法典》中，又进一步扩大了免税并购的适用范围，将以资产置换股票（stock-for-assets）纳入其中，并对并购中的股票收益给予递延纳税处理。

将企业并购作为一种 "必要的营业调整" 并对符合条件的企业并购给予递延纳税待遇体现了政府对企业并购的一种默示支持，这一观念的转变是促使第二次并购浪潮发生的一个重要因素。

3.1.1.3 西方第三次并购浪潮

西方第三次并购浪潮开始于 1954 年，结束于 1969 年。在此时期，西方

---

① 黄志凌. 积极推动企业并购重组具有重大战略意义 [J]. 全球化，2019 (3)：30 – 42。

各国纷纷走出"二战"后的经济低谷，经济逐步恢复并渐入繁荣，企业并购也在经济的乐观预期下活跃起来。第三次并购浪潮期间，并购数量累计达到17956 家，并购交易金额在 1000 万美元以上的大型并购，1965 年为 62 家，而到了 1969 年则达到 173 家，不到 10 年的时间增长了 2 倍以上。[①] 与前两次并购浪潮不同，本次并购以混合并购为主。产生这一情况主要是受到美国政府颁布的旨在遏制垄断的《克莱顿法案》和《塞勒—卡法弗法案》的严厉管制，横向并购和纵向并购的规模缩水明显，混合并购成为主角。1967 ~ 1968 年，横向并购和纵向并购的数量下降了 17%，混合并购的数量增长了 60%。[②] 这一变化使企业更多地朝着多元化行业和多角化经营的方向发展，企业并购也不仅是大企业并购小企业，而且出现了许多小企业并购大企业的案例。

在第三次并购浪潮中，税收发挥了重要的作用。首先，资本利得税的出台极大激发了并购市场的热情。为了打破过高的所得税对资本的"锁定"现象，鼓励投资者积极出售，资本利得税应运而生。资本利得税将资本利得从一般性所得中剥离出来，按照单独的计税方法和税率进行课税，其税率往往较低，部分国家按照个人所得税最高税率的 50% 作为资本利得税税率，这对激发并购交易的热情具有积极的促进作用。其次，扩大了免税并购的适用范围。20 世纪 60 年代证券市场一片繁荣，这为企业并购提供了充足的资金支持。更多的企业在采用传统的增发募资的基础上，开始探索使用股票作为直接的支付方式。特别是 1954 年美国政府修订的《联邦税收法典》对股权收购中取得控制权的解释进行了放宽处理，不仅对于一次性收购取得控制权享受免税待遇，也允许通过"累进式"收购最终取得控制权的方式享受免税待遇。同时，公司和证券法律制度允许子公司以母公司股票作为并购交易的支付方式，为"三角并购"模式的确立提供了可能，也进一步扩大了享受免税并购的交易范围。最后，并购税制的漏洞为企业节税和盈余操控提供了可能。例如，有些国家对盈利企业并购亏损企业后亏损的结转弥补没有进行明确的限制，致使这一并购行为为盈利企业节税大开便利之门。再如，有些国家对并购企业债务融资的利息扣除不做限制，部分企业利用发行可转换公司债券进行股权收购，既能够享受可转换公司债券利息的税前扣除，又能够使并购方就资本收益延期至转股时实现以推迟纳税。并购完成后，被并购企业的收

---

①　金哲. 企业并购的税制安排［M］. 辽宁：东北财经大学出版社，2015：67.

②　干春晖. 并购实务［M］. 北京：清华大学出版社，2004：7.

益转入并购方，加大了并购方的整体利润，但只要可转换债券不进行转股处理，并购方的普通股数量就不会发生改变，这样每股收益就会提高，实现了企业的盈余操控。并购方还可以采用并购资产账面价值明显低于市场价值的资产，再通过二次转售这种"低并高售"的方法，实现并购方账面收益的增加，以粉饰业绩影响投资者判断。

正是由于税制中存在漏洞，推动了立法的不断完善，也在一定程度上影响了第三次并购浪潮的消退。1969 年美国政府颁布的《税制改革法案》通过将低息可转债认定为普通股的方式堵塞了虚增每股收益的方法，还通过明确的资产估值方法对处置那些明显低于市场价值的资产而获得的收益进行重新确认，以此堵塞"低并高售"调节利润的可能性。还有些国家直接对并购后一定时期内的产权变动做出明确限制，如果违反"产权锁定期"条款导致公司股权结构、生产经营有了实质性变动，则亏损跨企业结转弥补的税收待遇将不得享受。这一系列旨在填补漏洞的法律条款的出台，导致了以获取税收或会计利益的并购交易大范围减少，助推第三次并购浪潮走向终结。

3.1.1.4 西方第四次并购浪潮

西方第四次并购浪潮开始于 1981 年，持续至 1990 年，这一期间被称为并购交易的"黄金十年"。虽然并购数量并没有发生显著的增长，但并购规模巨大，以 1985 年为例，并购次数仅 3000 多次，为 1970 年并购数量的六成左右，但并购交易金额却达到 1970 年的 10 倍以上[①]。如此之大的交易规模得益于高负债的杠杆收购，高杠杆率是第四次并购浪潮最为显著的特征，在这一时期，约有 90% 的并购是通过杠杆收购完成的。

在第四次并购浪潮中，税收发挥了鼓励与反制两方面的作用。一方面体现了政府鼓励通过并购调整产业、刺激经济的意图；另一方面则体现了政府对避税型并购的反制。其中，体现鼓励并购的措施主要是一些减税政策的颁布，比如 1978 年美国的《税收法案》中，将资本利得税税率从原来最高的 49% 下调至 28%，极大地减轻了并购交易的税收负担。1981 年的《经济振兴税收法案》将纳税人持有 1 年以上的资产转让收益的税率降至 20%，并对企业购买的旧资产也允许享受加速折旧政策，这使企业并购具

---

① 金哲. 企业并购的税制安排［M］. 辽宁：东北财经大学出版社，2015：70.

有了很大的吸引力。因为通过并购获得的资产不仅可以提高资产的计税基础，还可以以更快的速度完成折旧，综合税收利益扩大。由于减税风潮极大地激发了企业的并购热情，各国纷纷效仿这场源于美国的减税运动。然而，减税在给企业创造税收利益的同时，也伴生了一项"副产品"，即滥用税收政策以套取不当的税收利益。为应对并购领域日益严重的避税行为，美国开始率先修改并购税收制度，1986年美国的《税收改革法案》中取消了资本利得税税率参照个人所得税税率并给予优惠的做法，资本利得税税率不再与个人所得税税率挂钩，资本利得税税率提高至28%。另外，该法案还修改、增补甚至废除了许多可能存在避税问题的条款。比如，法案对并购企业使用目标企业亏损作出限制，包括目标企业哪一期间的亏损可进行结转弥补，以及对可弥补的目标企业亏损金额作出限定。再如，针对一揽子收购中资产价值分摊方法的模糊导致潜在的避税漏洞，法案中增补了"剩余价值分摊法"（residual method），按照一定的分摊顺序和分配方法将并购中支付的总对价合理地分摊至各类不同属性的资产中。法案还废除了"通用事业"法则，目标企业无法再通过清算程序将剩余资产分配给股东再由股东对外出售而实现目标企业层面的无税状态，并购方也无法再获得资产溢价所带来的折旧额增大抵税的利益。

　　虽然由于20世纪90年代初期的经济萧条以及垃圾债券市场的衰退造成并购融资受阻而最终终结了第四次并购浪潮，但并购税制在这一次并购浪潮中的表现可圈可点，并购过程中的税收问题越来越受到并购参与方的关注，并购税收制度的建设和完善也越发受到各国政府的重视。

3.1.1.5　西方第五次并购浪潮

　　西方第五次并购浪潮开始于1993年，结束于2001年。进入20世纪90年代，世界经济全球化和国际市场一体化进程加速，作为一种对外投资的方式，跨国并购在这一背景下逐渐兴起，各国政府纷纷考虑如何在跨国并购中取得竞争优势，刺激国内经济增长。长期以来的反垄断管制逐渐放松，一系列鼓励跨国并购的政策法规陆续出台，对于资本在全世界范围内的流动起到了积极的推动作用。据统计，20世纪90年代的跨国并购额占全球并购总额的1/4左右，到了2000年这一比重上升到1/3。[①] 在跨国并购中，横向并购

---

① 金哲. 企业并购的税制安排［M］. 辽宁：东北财经大学出版社，2015：74.

是主要的方式，特别是对于大型的跨国集团企业而言，强化主业的核心竞争力成为其跨国并购的主要动因。

全球性的跨国并购对各国的并购税制提出了新的挑战，如何既能鼓励资本跨国流动，又能防止损害国家税收权益，是这一阶段并购税制发展与完善的主要方向。一方面，鼓励跨国并购的税收政策陆续出台。20世纪90年代末美国颁布的《创造就业机会法案》对美国企业将海外利润汇回国内用于并购，给予一次性税收减免的优惠政策。欧盟颁布了"兼并共同指令"①，用以规范跨国并购问题。根据这一指令，境外居民企业收购境内企业满足一定条件时，可以按照境内企业收购境内企业的税收待遇进行处理，即跨国并购可以享受与境内并购同等的免税待遇。虽然这一指令仅在欧盟成员国范围内有效，但它有助于消除成员国之间并购税制的差异，消除跨国并购的法律障碍，为并购税制的国际化趋同提供了示范。另一方面，反避税立法技术日臻成熟。为防止纳税人滥用税收规则损害国家税收利益，各国在并购反避税立法上进行了许多探索和尝试。例如，美国在1997年颁布《纳税人税收减免法》，针对纳税采用"先剥离，再并购"的交易方式实现避税，进行堵塞。在该规则颁布前，纳税人为并购目标企业的部分资产且套取免税待遇，通常会要求目标企业将拟收购资产以外的资产剥离给其股东，然后再通过并购目标企业股权的方式达到收购与避税的双重目的。②《纳税人税收减免法》规定，如果并购前目标企业发生了资产剥离，随后并购方取得该目标企业所有者权益50%以上的控制权，当前后两步存在关联性时，该并购交易整体上不符合免税资产收购的条件，不得享受免税待遇。

纵观西方国家五次大规模并购浪潮可以发现，税收在企业并购发展过程中始终发挥着两个方面的作用：从交易主体的角度讲，税收作为一个经济变量是以交易费用的方式植入企业并购过程中。追求并购效益最大化的决策者需要考虑税收因素对企业并购的影响，进而选择最有利的税收策略去调整并购交易结构，甚至有些交易结构的设计完全基于避税目的。从政府的角度讲，税收作为一项制度变量可以有效实现政府调节企业并购行为的政策目标。对有利于企业自身发展和促进经济社会发展的并购行为，政府主要采取鼓励性措施，通过各种纳税方法的调整激发企业并购热情；而对滥用企业并购税收

---

① 1990年欧盟颁布的90/434/EEC指令。

② Commissioner v. Morris Trust, 367 F. 2d（4th Cir. 1966）。

优惠政策损害国家税收利益的并购行为，则采取各种反制措施予以限制和禁止。可以说，税收是影响企业并购的重要因素，企业并购税收制度的价值导向和技术规则对企业并购行为有着重要的引导和调节作用。

3.1.2　我国企业并购及并购税制的发展历程

与西方发达国家一百多年的并购历史相比，我国企业并购活动起步较晚。真正意义上以现代企业组织形式开展的并购交易发生在 20 世纪 80 年代中期①，至今只有三十多年的历史，而作为规范和调节并购交易的税收制度的确立，距今也只有短短的二十几年的历史。② 按照时间顺序，可以将我国企业并购税收制度的发展历程分为以下 5 个阶段。

3.1.2.1　企业并购的起步阶段

这一阶段的起止时间是 1984～1989 年。与西方发达国家企业自发性并购为主的特征相比，我国企业并购交易之初具有浓厚的政府主导色彩。20 世纪 80 年代，我国正处于改革开放初期，受经济发展水平、资本市场发育程度以及法律法规健全程度等因素的制约。这一阶段的企业并购大多属于政府主导下的国有企业间的兼并交易，具有较强的强制性特点，其出发点主要是调整国民经济的整体布局，而且并购过程也不是纯粹的市场化的运作，只能视为一种"准并购"行为。在这种政府为主导的并购交易中，税收的调节作用几乎难寻踪迹，税制体系中没有关于企业并购的相关制度。

1984 年 10 月，中共十二届三中全会通过了《中共中央关于经济体制改革的决定》，把增强企业活力作为经济体制改革的中心环节，并提出国有企业所有权和经营权相分离的改革思路。在这一背景下，以政府主导的国有企业并购迅速展开，先后形成了"保定模式"和"武汉模式"并在全国范围内得以推广。1987 年党的十三大明确，小型国有企业产权可以有偿转让给集体和个人，突破了国有股权限制向外部流转的束缚，为国有股权的市场化交易提供了可能。1988 年全国七届人大一次会议又进一步鼓励企业产权有条件的

---

① 我国首次并购交易的标志性事件发生在 1984 年 7 月，河北保定纺织机械厂和保定市锅炉厂分别对保定市器材厂和保定市鼓风机厂实施兼并。

② 我国最早关于企业并购的税收政策是 1993 年国家税务总局发布的《关于股份制试点企业若干涉外税收政策问题的通知》（已失效）。

有偿转让。1989 年，我国首部规范企业并购的行政法规《关于企业兼并的暂行办法》出台，围绕企业兼并的原则、方式、程序、债务承担与违约责任以及兼并后产权归属、职工安置等方面的问题做出了明确规定，使企业并购行为更加规范化，也为推动企业并购向纵深发展奠定了良好的制度基础。

总体来看，这一阶段的企业并购表现出以下几个特点：一是以政府主导为主，而非企业自发发起；二是同地区、同行业并购较多，跨地区、跨行业并购较少；三是并购目的以消除亏损为主，并购方式以承债式购买为主；四是没有形成配套的并购税收制度，缺乏税收调控与监管。

3.1.2.2 内外资并购税制的确立阶段

这一阶段的起止时间是 1990～2001 年。1990 年上海证券交易所和 1991 年深圳证券交易所的成立为企业并购提供了有利的市场交易环境，也由此孕育了国内上市公司并购的萌芽。标志性事件是 1993 年的"宝延事件"，即深圳宝安集团在上海证券交易所通过股权收购的方式收购上海延中实业。"宝延事件"是我国并购历史上具有转折意义的一笔，它不仅是我国上市公司中首例并购交易，也是社会主义市场经济条件下符合产权市场交易特征规律的公司制企业自发的并购行为。自此之后，以上市公司为主体的并购日渐成为我国资本市场中的主角。与此同时，随着我国对外开放步伐的加大，外资并购国内企业股权成为吸引外资的重要方式，如中策集团一家企业在 1992～1993 年两年内，就以 33 亿元出资收购了内地上百家企业的控股权（学界称为"中策现象"）。"中策现象"等一系列外资和港澳台资本收购国内企业控股权事件的出现，促使政府出台针对外商投资企业并购内资企业的税收规则。① 20 世纪 90 年代末，资本市场规模与规范程度逐渐加大加强，国内并购市场也取得了长足的进步，特别是 1998 年以来，"国退民进"的基本战略实施，国有资产从完全竞争领域中坚决撤出，加大了国内企业并购交易的活跃度，也越来越需要从税收角度发挥政府对并购交易的调控作用，内外资企业并购税制的建立成为这一时期的重点工作。

外资企业并购税收制度的建立是先于内资企业的，主要是由于改革开放吸引了大量外国资本涌入国内，并广泛采用并购方式取得内资企业的控制权，

---

① 针对"中策现象"，1993 年 12 月，国家税务总局颁布的《关于股份制试点企业若干涉外税收政策问题的通知》（已失效），对外商投资企业在改组和合并中应纳所得税的计税依据以及改组和合并完成后资产的计税基础确定问题进行了细化的规定。

需要有明确的税收制度对此加以规范。1997 年，国家税务总局分别就外商投资企业并购业务中有关所得确认、计税基础、税收优惠和亏损结转的税务处理问题进行明确，① 为后续我国免税并购税收制度的确立奠定了基础。其中，对于外商投资企业的合并业务，如果合并后的企业仍为外商投资企业，合并中的资产转让暂不确认损益，合并后企业的各项资产、负债和股东权益均按合并前企业的账面历史成本确定。对于合并前企业享受的定期减免优惠，如果合并后企业仍符合适用条件，可继承这一税收待遇；对于合并前企业尚未弥补的经营亏损，可以由合并后企业延续弥补。另外，对于外商投资企业和外国企业的股权转让业务，需要按照转让差价确认所得或损失，除非转让方与收购方之间构成直接或间接的 100% 控股关系，允许按股权的成本价作为转让价格，不计征企业所得税。从上述规定可以看出，对于外商投资企业的并购税务处理整体上较为宽松。在合并业务中，不要求纳税人在合并发生时就资产评估增值部分确定应税所得，可以递延至资产实际处置环节，并且这种递延纳税不设任何前置条件，不需满足特定的对价支付类型和比例要求。也就是说对于外商投资企业的合并，递延纳税是一种常规性税务处理而非例外。不仅如此，对于亏损弥补的结转也十分宽松，没有对亏损结转弥补的金额做出限制，只要是未超过法定弥补期限的亏损，均可全额进行结转扣除。但是对于外商投资企业的股权转让适用递延纳税的要求则颇为严格，只有满足转让方与受让方之间 100% 控股关系时才能适用，通过这种收紧方式，一定程度上遏制跨境股权交易可能产生的税源流失。

为进一步鼓励和促进内资企业并购的发展，规范和加强企业并购的所得税管理，2000 年，国家税务总局出台了针对内资企业并购的所得税规则②，标志着"两税分设"下内资企业并购税制的正式建立。第一，明确了内资企业合并交易的税务处理。主要借鉴了西方发达国家的并购税制，基于企业合并是一种"营业调整"而非"制度安排"，从税收待遇角度区分为应税合并与免税合并。其中，变动较大的是免税合并规则。企业合并不再自动适用递延纳税，而是有条件的适用，只有非股权支付不高于股权票面价值的 20%，方可按免税合并处理。同时，对亏损结转弥补进行限制。被合并企业未弥补

---

① 《关于外商投资企业合并、分立、股权重组、资产转让等重组业务所得税处理的暂行规定》（已失效），《关于外商投资企业和外国企业转让股权所得税处理问题的通知》。

② 《关于企业股权投资业务若干所得税问题的通知》（已失效），《关于企业合并分立业务有关所得税问题的通知》（已失效）。

完的亏损只能由合并企业用以后年度实现的与被合并企业资产相关的所得进行弥补，即弥补亏损的所得额不再是合并后企业产生的协同所得额总额，而是以被合并方假设在不发生合并下所形成的独立所得作为可弥补亏损的限额，有效堵塞了企业通过合并亏损企业规避纳税。第二，明确了内资企业资产转让的税务处理。如果资产整体转让且符合特定的对价支付要求，可以享受免税待遇。因为资产整体转让与企业合并存在一定程度上的相似性，除了企业法律人格的存续以及股东权益归属的转移外，二者都可以产生经营持续的效果，在同等支付对价条件下给予同样的税收待遇，有利于纳税公平。对于企业整体资产置换，将其分解为按公允价值销售全部资产和按公允价值购买另一方全部资产的两项经济业务进行所得税处理，并按规定计算确认资产转让所得或损失。考虑到资产整体置换中的交易双方可能并没有取得足以纳税的货币资金，对资产整体置换中现金补价不超过 25% 的，可不确认资产转让的所得或损失。第三，明确了内资企业股权转让的税务处理。对于转让股权、回购股权和企业清算中处置股权均作为股权转让处理，并按照所取得的股权转让收入减去股权投资成本后的差额确定股权转让所得或损失。其中，股权转让所得需计入转让发生年度进行纳税，而股权转让损失的扣除不得超过当年股权转让所得和股权投资收益之和，不足扣除部分可以无限期向以后年度结转。此举主要是为避免投资性损失影响企业正常生产经营所形成的所得，将投资性损失的扣除锁定在投资性所得中，而不允许纳入企业全部所得中通盘计算，损害了法人所得税制的一体性要求。

总体来看，受制于资本市场发育程度和法制环境不完备等因素的影响，这一阶段我国企业并购行为的市场化程度并不高，许多企业的并购并不是市场经济运行的结果，而是在政府的主导和推动下基于调整经济战略布局的需要而进行的。特别是在这一时期，我国国有企业经历了改制重组的高潮，政府更多关注于国有企业改制中的税收问题，对真正意义上的市场化并购的关注度还不够，缺乏对完整的市场化并购行为的配套税收制度。

3.1.2.3 并购税制的补充与完善阶段

这一阶段的起止时间是 2002～2007 年。随着我国正式成为世界贸易组织成员，我国经济也开始与世界经济接轨，特别是我国的资本市场进入了规范运作和快速发展的新阶段，各项制度不断确立，如 2002 年证监会发布《上市公司收购管理办法》，明确了包括境内法人与自然人以及境外法人的收购主体范围，还对收购支付对价的方式进行放宽，极大地激活了市场化并购的热情。同年，证监会、财政部和国家经贸委还发布了《关于向外商转让上市公司国有股和法人股有关问题的通知》和《利用外资改组国有企业的暂行规定》，重启了停滞多年的外资并购上市公司的交易。2003 年我国又出台了《外国投资者并购境内企业暂行规定》，进一步规范外国投资者对境内企业并购交易的管理。在加入 WTO 和各项并购制度逐步健全的共同作用和影响下，我国成为吸引外资的第一大国，也开始进入市场化并购的新阶段。这一时期并购税制建设的核心在于修改和补充内资企业并购税制，使之更好地与市场化并购规则相适应。同时，明确和出台针对外资企业跨国并购的税收制度，对外资企业并购国内企业进行规范和管理。

对于内资企业并购税制的补充主要体现在两个方面：一是补充了内资企业并购的所得税处理规则。包括明确企业并购中收取补价的所得税处理，对于免税并购中取得补价或非股权支付的一方，应按补价或非股权支付所占比例的部分确认转让所得并计入当期应纳税所得额。二是配套出台了一系列与内资企业并购相关的流转税与财产行为税政策。在流转税中，将企业全部产权的转让排除在征税范围之外；① 在契税和印花税中明确了公司制改造、合并、分立等情形下的免税规则，有力地支持了企业改革的深化，加快现代企业制度建立。②

为了促进和规范外国投资者来华投资，实现资源合理配置，2003 年 3 月，《外国投资者并购境内企业暂行规定》正式出台，允许外国投资者并购我国境内非外商投资企业的股权。其中涉及的税收问题主要体现在两个方面，一是通过股权转让或股权增资而导致内资企业变更为外商投资企业是否可以享受外商投资企业的税收优惠。二是变更性质的企业是否可以弥补此前未弥补完的亏损。对此，国家税务总局分别给予明确，对外国投资者通过并购股权或认购增资方式将境内企业变更为外商投资企业的，只要外国投资者的股权比例超过 25%，允许适用外商投资企业的税收法律、法规；对变更设立前尚未弥补完的亏损，可由变更设立后的外商投资企业在剩余弥补期限内继续弥补。

从这一阶段并购税制的建设情况来看，积极修改和完善了内外资并购税收制度，并及时出台了流转税和财产行为税方面的政策，为规范企业并购的

---

① 《国家税务总局关于转让企业全部产权不征收增值税问题的批复》（全文废止）。

② 《财政部 国家税务总局关于企业改制重组若干契税政策的通知》（全文废止），《财政部 国家税务总局关于企业改制过程中有关印花税政策的通知》。

税收秩序做出贡献。然而，并购税制中存在的问题依然突出，如并购税收立法的层级较低，立法技术较为粗糙，征收管理能力相对滞后，内外资有别的税收待遇违背税收公平等，难以满足新时期企业并购的客观需要。

3.1.2.4 "两税合并"下的并购税制建设阶段

这一阶段的起止时间是 2008 ~ 2013 年。2008 年 1 月 1 日，"两税合并"后的新《企业所得税法》正式出台，新法统一了亏损弥补、税收优惠等税收待遇，统一并下调了企业所得税税率。与新《企业所得税法》配套的企业并购税收法规也在 2009 年出台，标志性文件是 2009 年 4 月 30 日由财政部和国家税务总局发布的《关于企业重组业务企业所得税处理若干问题的通知》。该文件在借鉴和吸纳西方发达国家并购税制经验的基础上，结合我国现实国情、立法体制、税收征管能力等因素，为我国企业并购重组业务的企业所得税处理设计了一套完整的框架和准则，特别是将应税并购更名为"一般性税务处理"，将免税并购更名为"特殊性税务处理"，使其更加符合税收待遇的本质。与此同时，为加强对非居民企业跨国并购的税收管理，防止国家税收利益流失，秉承实质重于形式的原则，对非居民企业滥用税收安排间接转让中国居民企业股权采用"穿透原则"进行课税，为我国特别纳税调整规则的完善提供了有益的补充，[①] 还对非居民企业股权转让适用特殊性税务处理的规则进行完善，既保证特殊性税务处理的大门向非居民企业敞开，同时也对适用情形进行一定的约束。[②]

3.1.2.5 助力改革下的并购税制优化阶段

这一阶段的起止时间是从 2014 年至今。2014 年，国务院发文要求进一步优化企业兼并重组的市场环境，通过兼并重组加强资源整合，化解过剩产能，优化产业结构，助推供给侧结构性改革，特别指出要落实和完善财税政策，支持和鼓励企业并购重组。[③] 为此，出台多项政策分别对企业并购的企业所得税、个人所得税、增值税、土地增值税和契税进行优化与完善。具体

---

① 《关于加强非居民企业股权转让所得企业所得税管理的通知》（全文废止），《国家税务总局关于非居民企业间接转让财产企业所得税若干问题的公告》，《国家税务总局关于非居民企业所得税源泉扣缴有关问题的公告》。

② 《关于非居民企业股权转让适用特殊性税务处理有关问题的公告》。

③ 《国务院关于进一步优化企业兼并重组市场环境的意见》。

的优化表现为：一是扩大了企业重组特殊性税务处理的适用范围①，大幅度降低适用特殊新税务处理的股权（资产）收购比例要求，将此前的75%统一下调至50%，使我国企业适用特殊性税务处理的"门槛"处于国际上的中等偏下水平。二是明确了企业集团控股企业间股权（资产）划转适用特殊性税务处理的操作规则，对100%直接控制的居民企业，以及受同一或相同多家居民企业100%直接控制的居民企业之间，按账面净值划转股权（资产），在符合合理商业目的等条件下，可以适用特殊性税务处理。三是确立了非货币性资产投资业务的所得税待遇②，对居民企业以非货币性资产对外投资，允许就非货币性资产转让所得在不超过5个纳税年度内分期均匀纳税；对自然人以非货币性资产对外投资也可享受递延5年的优惠待遇。这一系列重大的税收规则的调整，为企业并购营造了良好的税收环境，充分发挥税收对企业并购的激励作用。

3.2 企业并购税收制度的价值导向

企业并购的税收制度，是政府意图在企业并购行为中的具体体现，可以说，并购税制就是政府运用税收手段对微观经济主体的并购行为进行有目的调节的一项政策工具。由于企业并购是一种高效的资源配置方式，因此绝大多数国家的并购税制都是以鼓励支持为主，同时，为了防止企业将并购作为避税的手段，还需要在并购税制中嵌入反避税条款以适度纠正过度激励的问题，避免造成国家税收利益的损失。正是这样一种鼓励与限制并存的二元价值导向，使企业并购税收制度成为税收制度中较为复杂的一项。

3.2.1 鼓励和促进正当的企业并购

企业并购虽然是一种应税行为，但各国政府均在税收制度中对企业并购设置一定的鼓励措施，通过给予税收优惠或规定特殊性课税方法激励和促进具有真实、正当商业目的的企业并购行为。

---

① 《关于促进企业重组有关企业所得税处理问题的通知》。
② 《关于非货币性资产投资企业所得税政策问题的通知》。

　　企业并购所体现出的制度优势是税法对其鼓励与促进的根本原因。第一，从经济学理论分析入手，企业并购可以提高生产效率，达到帕累托改进。主流经济学派认为企业并购可以实现规模经济，增加垄断利润，节约交易费用，提升管理效能，特别是当经济社会中存在负外部性时，企业并购可以将这种负外部性成本内部化，使得企业并购最终引致整个社会福利的提高，实现帕累托改进的效果，这就使税收鼓励并购具有理论上的应然性。第二，从并购活动的实际效果入手，企业并购有助于资源的优化配置，实现产业结构的调整与升级。特别是对于中小型企业而言，资源配置与生产效能的匹配机制往往无法自动达成，此时可以借助企业并购予以实现，并通过企业并购优化资源配置效率，实现产业融合与产业调整，提升企业竞争力，促进经济发展。然而，私人市场通常无法产生出最优的并购数量，政府以税收激励措施消除税收损失可以达成更有效率的并购，这也是世界各国的普遍做法。可见，理论与现实的自恰使得税收鼓励并购具有较强的实然性。第三，从并购行为与一般应税行为的差异入手，企业并购虽然是一种应税行为，但其有别于一般的商品或服务转让，企业并购的交易标的是企业的产权，即目标企业的控制权或某一业务的经营权。从本质上说，企业并购只是一种权益结构的调整或经营业务的平移，如果转让方通过权益的持续保留等方式连续、稳定、长期地对转让标的实施控制或影响，那么这种行为与旨在实现实质性转让并获利的一般性销售行为就有了本质区别，因此，在税收待遇上也应区别对待。第四，企业并购的交易规模和交易的风险性也与一般销售行为存在差异，如果按照一般原则课税，势必加大并购参与方的税收负担，影响其实施并购的积极性，设置税收优惠则可以在一定程度上抵消或补偿并购交易的不确定性与风险性，基于上述这些考虑，税收给予并购行为鼓励与支持具有一定的必然性。

　　从各国税法鼓励正当并购行为的具体做法来看，主要通过对税基、税率、税额等税收要素确定标准的调整以及给予特殊的计税方法来实现。归结起来，主要有以下三种措施。

　　一是对满足特定条件的并购给予"免税"待遇。此处的免税并非纳税义务的彻底免除，而是采用"递延纳税，平移税基"的方式对并购发生之际本应确认的纳税义务推迟到以后某一特定期间，延缓纳税人的即期税负，纳税人相当于获得了一笔无息贷款。免税并购所需满足的特定条件通常包括企业并购目的的合理性、营业活动的持续性以及股东利益的持续性等。美国、法国、日本、荷兰、德国等西方发达国家的并购税制中均设置了"免税并购"

规则，我国企业并购税制也有基于相同原理的"特殊性税务处理"规则。

二是将特定并购行为直接排除在征税范围之外。在某些并购行为中，交易标的本身并不因并购的发生而改变其持续经营的状态，特别是在业务收购中，只要收购方有明确意图继续从事与所收购业务相关的活动，那么业务的平移不影响业务的持续经营。为了避免对业务平移这一中间环节征税，许多国家将业务转让排除在增值税课税范围之外，比较典型的如英国，英国增值税法中的"TOGC"规则①明确规定，对符合经营连续性条件的业务转让不视为提供增值税应税行为，不征收增值税，旨在降低业务转让中收购方的收购成本，减轻税收对其资金的占用。我国营业税（现已废止）、增值税政策中也有类似的处理方法，对满足整体或部分产权转让，即资产及其相关联的债权、债务、劳动力的一并转让不征收营业税、不征收增值税。

三是对并购产生的应税收益适用优惠税率。部分国家如美国、英国、澳大利亚等开征资本利得税，并将其依附或独立于所得税之上，根据资本利得的长短期获利模式确定不同的适用税率，鉴于资本的流动性、风险性，资本利得税税率通常低于所得税税率。通过将企业并购形成的应税收益归属于资本利得，并按照优惠税率课税，可以减轻企业并购的税收负担，体现税收对并购行为的鼓励与支持。

3.2.2　遏制和禁止避税型企业并购

税收激励政策犹如一把"双刃剑"，在鼓励正当企业并购行为的同时，也容易为避税型并购提供"保护伞"。而此类避税型并购，不仅扭曲了资源配置的目标与效果，影响社会经济运行的正常秩序，还可能践踏社会法治环境。更为严重的是，避税型并购会导致税收对经济的调节作用失灵，造成国家税款流失，损害国家税收利益。基于上述原因，各国并购税制均设置了反避税条款，防止纳税人将一般交易掩盖在企业并购模式下以套取税收优惠。

从遏制和禁止避税型并购的具体做法来看，主要通过限定特定纳税方法的使用范围，收缩税收激励的影响效果以及增强并购后关联性行为的审查等方式予以实现。

首先，限定免税并购的适用范围。免税并购作为一项税收激励措施，旨

---

① 英国增值税法规 700/9 号公告（Notice 700/9：Transfer of Business as a Going Concern）。

在通过税款的递延对正当并购行为进行鼓励与支持。而一项并购的主要目的如果是为获取这一税款递延而带来的好处，通常来说这一并购行为不具有合理的商业目的，仅仅作为一个工具而隐藏其推迟、减少甚至免除纳税的核心动机，此时免税并购规则应对这类行为排除适用。这种以主观动机的实质判定规则适用与否的做法充分体现了实质课税原则，企业并购税制中的"合理商业目的"条款正是税法贯彻实质课税原则的具体体现。

其次，收缩税收激励的实际效果。以获取有利税收属性为目的的并购也是一类常见的避税型并购，如盈利企业并购亏损企业以获取亏损弥补这一有利税收属性从而减少纳税。税法为限制此类不正当买卖税收属性的避税型并购，通常对亏损弥补的金额加以限制，将税收激励的影响效果收缩至合理的限度内，如果一旦触及"合理商业目的"条款的底线，该并购行为将按照应税并购处理，并购主体亦将彻底丧失利用有利税收属性避税的可能性。

最后，锁定并购交易的实施频次。由于存在税企之间的信息不对称性以及受制于一国税收实质性审核权利的范围，对于企业自述的并购目的，税务部门并不能在并购发生之际即准确判定其真实性，而税收确定性原则要求在并购发生的当下就适配对应的税收待遇，这就可能造成未来一旦发生形式与实质的背离，税务部门将处于被动局面。为了弥补这一可能存在的错漏，通常并购税制中会设置一定的"锁定期"，往往是以本次并购交易完成后的 12 个月或 36 个月，事前要求并购双方承诺在这一"锁定期"内不再发生与本次并购相关的二次交易，如有违反，则此前享受的税收待遇予以追回，通过这种反避税措施遏制企业利用分解交易的方式实现避税。此外，许多国家的并购税制中还设计了分步交易的合并规则，将多步骤的迂回交易依据其经济实质进行合并处理，以防止利用分步交易方式避税。

3.2.3　限制和约束企业跨国并购

从所有权转移方向来看跨国并购，既有外国企业并购本国企业导致并购标的所有权向外转移的模式，也有国内企业并购外国企业导致并购标的的所有权向内转移的模式，还可能是外国企业之间的并购间接导致国内企业控制权的转移。与国内并购不同，跨国并购的税收问题更为复杂，因为其往往涉及国与国之间的税收管辖权问题。税收管辖权是一国政府在税收领域行使主权征税所拥有的管理权力，是国家主权的重要组成部分。跨国并购模式的多

样性、交易的隐蔽性、信息的不对称性以及各国间并购税制的差异性都使跨
国并购对税收管辖权提出严峻的挑战。企业并购本身就容易成为企业规避纳
税的一种方式,而跨国并购更是成为企业滥用规则实现避税的重灾区,严重
损害国家的税收权益,因此需要通过专门性的反避税规则进行限制与约束。
跨国并购反避税规则的出发点是维护一国的税收管辖权,但同时也应最大限
度地不干涉正当的跨国并购交易,也就是在维护国家税收主权和维持资本输
出中性之间寻找一种平衡。

3.3　企业并购税收制度的技术规则

3.3.1　免税并购的适用条件与税收待遇

企业并购税收制度的技术规则是并购税制价值导向的具象化产物,它集
中体现了鼓励正当并购、遏制避税并购和约束跨国并购三种价值导向。各国
并购税制通常根据目标企业及其股东是否当期确认应税所得或损失,将企业
并购划分为免税并购与应税并购两种类型,并通过对其适格要件与税收待遇
的详尽规定体现税法对企业并购的调控目标。

免税并购是并购税制有别于所得税一般规则的特色之处,它是依据股东利
益在企业形式变化后继续存续的理念设计出来的,这一理念的核心就是"利益
持续原则"(continuity doctrine)。利益持续原则是在美国并购司法实践中逐渐
提炼和总结出来的一种判例法规则,这一原则的引入旨在防止纳税人利用制定
法律可能存在的漏洞,滥用免税并购条款,获取不当税收利益。利益持续原则
在股东层面体现为股东利益的持续,而在企业层面则意味着营业企业的持续。
随着并购活动的不断发展,利益持续原则的内涵与外延得到了不断的丰富,并
已经成为判定一项并购行为是否符合免税并购条件的核心要件。

3.3.1.1　免税并购规则的适格要件

(1)股东利益持续。股东利益持续原则最初来源于 1932 年美国联邦第
二巡回法院受理的 Cortland Specialty Co. v. Commissioner① 一案。当时,科特兰

---

① Cortland Specialty Co. v. Commissioner, 60F. 2d 937 (2d Cir. 1932).

（Cortland）公司将其大多数资产转移给另一家公司，获取的对价形式为现金和短期票据，随后科特兰公司解散清算，将现金与短期票据分配给其股东。公司认为这种行为构成重组行为①，应该适用免税并购规则，但美国联邦税务局认为这种交换是一种资产出售行为，应该按一般原则对科特兰公司课税。最终，法院认定，只有目标公司收取的对价为股份或证券，即必须与税法中"兼并或合并"具有相同的收购对价类型时，这一资产转移行为才构成重组行为。这个判例原理被称为"股东利益持续"原则。概括而言，股东利益持续是指目标企业历史性股东通过一定期间内保持一定数量和特定质量的收购企业所有者权益，实现其股东利益在不同主体间的延续。股东利益持续包括了对持股质量、持股数量和持股时间三方面的要求。

首先，从股东利益持续的质量要求来看。为了保证目标企业股东在并购交易完成后依然持续享有股东权益，目标企业股东必须获得收购企业符合一定质量要求的股票。这类股票必须是代表收购企业所有者权益，即具有表决权的股票。股票和债券的区别就在于持有者对发行企业的经营控制权和风险承担度。无论短期债券或长期债券，其持有人实质上都是承担了企业最小的经营风险，同时也掌握了对企业最小的控制权。因此债券无法代表收购企业所有者权益，即使是包含权益成分的可转换公司债券，也由于转股的不确定性，无法作为具有表决权的股票对待。相较于债券而言，普通股持有者则承担了企业最大的经营风险，同时拥有了企业最大的控制权，能够使目标企业股东在收购企业中取得明确的股东身份，保证其股东权益的持续。需要特别提出的是，优先股是否符合这一质量要求颇具争议，一种观点认为优先股虽然不具有表决权，但其持有者仍然拥有股东身份，构成企业经营活动的重大利益相关方，这一点与债券持有者是显著不同的。然而，美国1997年的税收减免法案中提出了"不适格的优先股"（Non-qualified Preferred Stock）这一概念，不适格优先股是指以获取固定股息分配为目的，不参与企业经营活动与成长计划，并受到股票回购计划制约的优先股，此类优先股持有者无法行使股东表决权，中断了股东权益的连续性，因此应予以剔除。②

其次，从股东利益持续的数量要求来看。股东利益持续规则的数量要求就是要明确目标企业的股东需要持有收购企业多少数量的股票才能够确保股

① 1926年美国联邦税法将重组定义为："一个兼并或合并（包括一家公司获得另一家公司几乎全部的资产）。"

② 但在美国后续的司法判例中，又对符合一定条件的优先股重新按照适格的股票进行处理。

东利益的持续。美国联邦最高法院在审理 Helvering v. Minnesota Tea Co.[①] 一案时确立了股东利益持续的数量要求，即目标企业股东应在收购企业保留一个实质性的权益，这种权益的保留是通过并购对价中一个"明确且重大"的百分比为收购企业股票而实现的。虽然司法判例确立了"明确与重大"的裁判规则，但什么是明确与重大，要达到多少比例才属于重大，或者说在收购企业支付的对价中，股权性质的对价需要占到全部对价的多大比例才构成重大，始终没有统一的标准，各国在并购税制中所确定的股权支付比例标准也不尽相同。但可以确定的是，"明确与重大"是就收购企业支付的对价中股权支付占支付总额的比重而言，与收购企业已发行在外的股票价值无关；"明确与重大"并不是要求目标企业的每个股东都满足一定的持股比例要求，而是就一个或多个股东整体的持股比例而言。

再次，从股东利益持续的时间要求来看。股东利益持续的时间要求就是旨在检视企业并购交易前后发生的股权转让行为是否会对股东利益的持续性造成影响。实践中，经常发生目标企业股东在并购交易发生前将目标企业股权转让给非收购企业等第三人，或在并购交易发生后将收购企业股权转让给第三人的情形。如果依据实质重于形式原则，上述分步交易可合并为一个交易，则可能整体构成一项出售行为而非并购行为，不应享受企业并购的税收待遇。然而，如何判定并购前或并购后的出售是否对股东利益持续造成影响存在较大争议。美国税法曾一度采用"持股时间规则"，即对并购后的持股时间进行严格限制，在较早的税收裁决中曾规定，并购完成后目标企业股东至少应当持有收购企业股票 5 年以上[②]，甚至在许多判例中，法官认为持股时间达到 7 年应作为保证股东利益持续性的最低标准。然而持股时间的长短在较多情况下难以作为普适性标准，比如当目标企业股东拥有了绝大多数的收购企业的股权，而仅仅在并购后立即出售一小部分，并不会因此影响其股东利益的持续。再如，一项并购计划中目标企业股东已经向收购企业的关联方做出了未来出售股权的有约束力的承诺，即便这项承诺的行使日是在并购完成后的相当长的一段时间之后，但目标企业股东此时已经不完全享受其对应持股比例的股东权益。考虑到持股时间规则存在的问题，"关联人规则"被引入，该规则主要关注并购前后目标企业股东转让股权的交易对手方是否

① Helvering v. Minnesota Tea Co. , 296 U. S. 378（1935）.

② Revenue Ruling, 66 – 23, 1966 – 1, C. B. 67.

构成目标企业或收购企业的关联方。如果该交易对手方不是目标企业或收购企业的关联方，则本次并购前或并购后的收购行为可以忽略不计；如果构成关联方，则需要进一步依据分步交易理论进行股东利益的持续性测试，以此判定并购前后的交易是否应与本次并购交易进行合并处理。

最后，关于远端利益的持续要求。上述关于股东利益持续的质量、数量和时间要求都是用以保证目标企业原股东在并购交易完成后继续保证其所有者权益的延续，而股东利益持有还有另一个层面的内涵，就是要求收购企业在收购目标企业股份或资产后，持续保留对收购标的的所有权，以此保证目标企业股东所持有的收购企业股份与标的资产和营业间形成纽带关系，这就是所谓的"远端利益持续规则"（remote continuity of interest doctrine）。这一规则隐含了两个方面的问题，一方面是收购企业是否必须以其自身股份作为支付对价，也就是说目标企业股东是否必须取得收购企业自身的股份；另一方面是收购企业是否必须自持收购标的而不得向下转移。实质上，如果允许收购企业以其自身股份以外的股份（主要是指其控股企业股份）进行支付，那就会使传统的双方并购交易演化成为"三角并购"，即对价支付方、收购方和转让方三方参与。由于对价支付方是收购方的母公司，因此也就相当于母公司收购了标的资产后向下转移给子公司，这使得上述两个问题合并为一个问题，即标的资产的向下转移是否仍符合远端利益持续要求。对此，可以采用分解方式将"三角并购"拆分为两步看待，第一步相当于母公司作为收购方收购了目标企业的股权或资产，并以其自身股份作为对价支付给转让方；第二步相当于母公司将其收购的股权或资产向下转移到其控股子公司名下。从"三角并购"的交易结构来看，母公司的股东权益并未减少，因为其控股子公司的所有者权益增加，这属于一种资本性投入过程。据此，美国联邦税务局认定，一个全资子公司发起的、以其母公司的股份收购一个无关联企业的资产和负债，不会因被收购企业的资产转移到该母公司的全资子公司而不符合享受免税并购的资格。在后续的建议规章中，又进一步扩展了向下转移的主体范围①，同时限制了"远端利益持续规则"的适用。

（2）营业企业继续。营业企业继续也是判定一项并购交易是否适用免税并购的重要标准。营业企业继续意指营业在经过改变后的企业形态中继续进

---

① 不再要求必须是全资子公司，而可以是集团内由母公司直接持有至少80%以上股份的子公司，但涉及的层级不应超过两级。

行。① 与股东利益持续着重考察支付对价不同，营业企业继续侧重于对企业并购后商业调整的考察，强调企业并购是企业的一种营业调整，而不是一项交易。针对企业并购的具体类型，如企业合并或资产收购，营业企业继续原则细分为营业继续和资产继续两个方面。

营业继续是指收购企业继续从事目标企业的历史性营业。在具体判定企业并购是否符合营业继续原则时，首先是考察该业务的"三性"。一是历史性，收购企业承接的业务应该是目标企业最近经常经营的业务，而不包括作为并购计划的一部分而全新启动的业务，同时，对于并购前目标企业已经停止的业务也不包括在内，除非该业务只是属于暂停而非终止。二是重要性，强调所转让的营业应为目标企业的重要业务部分，如果是进行整体转让，那么收购方应该对重要的业务保证持续经营，当存在多项重要业务时，收购方一般只需保证一个或以上的重要业务持续经营即可。三是独立性，即作为并购标的的营业应当可以与转让方的其他营业区分开来，这种区分既可以是依据业务的功能和类型进行区分，也可以依据营业活动的地理位置进行区分。其次，当业务具备了上述适格条件后，需要对影响营业继续的因素加以考察。影响营业继续的因素有很多，根据重要性进行排序，主要包括员工、厂房、设备、产品、位置、顾客、资本投入、总收入、薪酬水平等因素。如果发生了上述重要因素的改变，通常会对判定营业是否继续造成不利影响，比如企业在进行整体资产转让时将大部分老员工也一并进行了清退，这种行为就会被认定为背离了营业继续原则。最后是营业继续的时间要求。并购后收购企业继续运营目标企业的历史性营业应持续一定的时间，与股东利益持续时间类似，持续时间的长短并不能够绝对说明营业是否真正得以继续，也就是说持续时间的长短不是确定营业继续的一个充分条件，但它却构成了一个必要条件。美国《财政规章》第 382 条规定，为了满足企业营业继续原则，并购企业应当在并购后继续运用目标企业的历史性营业至少两年以上，并且在营业性质上与并购交易发生前目标企业的历史性营业一致。

资产继续是指收购企业继续在其营业中使用目标企业历史性资产的一个重大部分。这些历史性资产是目标企业在其历史性营业中所使用的各类资产，包括厂房、生产设备等有形动产，也包括专利技术、商标、商誉等无形资产，还包括股票、证券等金融资产，不论这些资产是否有计税基础。资产继续原

---

① Cortland Specialty Co. v. Commissioner, 60F. 2d 937 (2d Cir. 1932).

则中关于继续使用的必须是历史性资产的"一个重大部分"的判定方式可以从数量和质量两个方面进行分析。从数量上来看，各国免税并购规则中都设置了收购资产的比例要求，除企业合并自动满足这一收购标准外，其他适用免税并购规则的资产收购均应符合收购标的的公允价值占目标企业全部资产公允价值或（和）净资产公允价值的一定标准，这一标准通常要求达到50%及以上。从质量上来看，着重强调所转让的标的资产在保持资产继续运营中的重要性，如果标的资产仅在价值上是重大的，但收购企业收购后不足以拥有足够的能力继续运营这项业务，那么也不符合"重大部分"的内涵。此外，资产继续也有对时间方面的要求，但这并不单独作为独立判定因素。因为即便并购后收购企业继续运营该资产一段时间，但如果在收购协议中已事先确定未来转让的不可逆性，那就不符合资产继续的原则，而这个时间要求也细分为并购前和并购后，需要结合"关联人规则"加以测试。

（3）合理商业目的。合理商业目的原则要求任何一项企业并购行为必须具有合理的商业目的，而不得将企业并购作为规避纳税的一项工具。合理商业目的原则的实质是对企业并购行为产生的经济效益与并购参与方所获取的税收利益进行比较，评估二者之间的差异据以确定并购行为是否具有商业实质。这就要求一项并购行为是一项普通而必要的经营企业的行为，而不是没有营业目的的，仅仅通过采取组织形式的改变实现避税的工具。比如"先分立，再收购"，目标企业将收购企业不需要的资产通过企业分立的方式转移到一个新设立的控股子公司中，随后向拥有其所需资产的企业发起收购，就能够满足"资产继续规则"中关于"一个重大部分"的要求。显然，这种分步交易很难被认定为具有合理的商业目的，而是主要以获取税收利益为目的，因此应根据分步交易原则合并为一个应税并购行为。

合理商业目的原则并不是对并购行为获取税收利益的绝对排斥，关键在于除了税收动机外，企业并购是否还存在其他有助于提升企业经济效益，重构企业营业架构或扩展企业市场范围等合理目的的存在。

3.3.1.2 免税并购的税收待遇

如果说上述免税并购的三项适格要件的设计初衷是为了防止纳税人滥用并购条款而将应税出售行为伪装成并购行为避税，体现了防止避税型并购的价值取向，那么接下来所探讨的免税并购的税收待遇则是对通过适格要件测试后的并购行为的一种税收优待，可以视为是对真实合理并购行为的一种鼓励措施。具体而言，免税并购的税收待遇涉及目标企业股东、目标企业以及收购企业三方，基本原则是并购各方在并购中不确认损益，并购中所涉及资产的计税基础保持不变。

（1）目标企业股东的税收待遇。目标企业股东在并购中将其所持有的目标企业股份全部转换为收购企业股份，或部分转换为收购企业股份，另一部分获得现金或债券等其他财产。根据目标企业股东获取对价方式的不同，税收待遇也有所不同。

①当目标企业股东取得的对价全部为收购企业股份时。如果收购企业股份的总价值超过目标企业股东原股份的总成本，则目标企业股东相当于获得了一笔隐含在企业并购中的所得。免税并购规则对这笔隐性所得暂时豁免征税的规定，是基于保持在企业正常经营结构调整时税收结果的"中性化"，即认为符合免税并购要件的并购行为并非一种商业交易，不应产生税收收益，也不应负担税收损失。政府部门没有必要增加企业并购的税收成本，这样做只会影响微观经济主体的正当决策。此外，由于目标企业股东所获取的均为收购企业的股份而没有取得货币财产，且其取得的股份再次交易要受制于"股东利益持续"中的时间要求，因此从纳税能力上看存在暂时性困难，如果强行课税可能使目标企业股东因并购陷入财务困境，甚至可能倒逼交易双方重新协商并购协议条款，无疑是对正常经济行为的一种扭曲。因此，免税并购中目标企业股东获得的全部对价为股份支付时，暂不对其并购交易环节征税成为各国免税并购规则的共同选择。

②当目标企业股东部分取得额外支付时。在免税并购中要求全部支付均为股份支付往往不切实际，目标企业部分股东并不希望获得股份，而是希望通过并购终止自己的投资业务，因此就会出现现金等形式的非股份支付，一般称此类对价为"额外对价"（Boot）。额外对价除了包括现金，还可能包括债券、不符合条件的优先股以及其他非货币性资产，承担目标企业债务也可能被认定为额外对价，大多数国家的免税并购规则中允许存在少量的额外对价，以此保护那些没有控制力的少数股东的权益。额外对价的存在使获得方中断了股东利益持续，且取得了负担税款的支付能力，应当就额外对价缴纳所得税。

额外对价的确认前提和确认金额需要根据并购交易是否产生以及产生多少所得而定，额外对价的所得性质归属需要根据各国所得税与资本利得税的征税范围而定。具体而言，一是额外对价的确认以目标企业股东获得所得为前提。如果目标企业股东在并购中收取的总对价低于其原股份的总成本，相当于形成了一笔并购损失，该笔损失应递延至下一交易环节确认，因此无须对额外对价在交易环节进行课税处理。二是额外对价确认金额的大小不应超过目标企业股东获得的所得金额。在具体的金额确认上通常有两种做法，一种是将额外对价金额与并购所得进行比较，只要额外对价不超过并购所得，那么额外对价应全部确认为当期所得纳税；另一种是按照额外对价占全部对价总额的比例确定对应的所得。三是额外对价按照何种所得课税。由于不同国家的税制体系不同，有些国家不区分资本利得与普通所得，而有些国家同时实行资本利得税和普通所得税，并且资本利得税的税率低于普通所得税的税率。此时，额外对价应归属于何种所得纳税需要根据一国税法原则进行确定。美国对此采用了"资本利得/股息测试"（Capital Gain vs. Dividend Test），旨在防范股东利用额外对价避税。如果目标企业股东收取的额外对价具有股息分配效果，那么这部分股息分配所得应按普通所得税课税，且股息所得的确认金额不应超过股东按股权比例应享有的被投资企业累计未分配盈余的部分，剩余的额外对价才允许作为财产交换中的收益，按资本利得课税。

　　除了目标企业股东的所得确认规则外，免税并购所需解决的另一个重要问题是目标企业股东取得收购对价计税基础的确定。目标企业股东取得对价的计税基础就是其为取得该项对价而进行的对等支付额，即目标企业股东所放弃的股份的价值。在免税并购中，通常不确认并购交易的损益，计税基础一般按照历史成本延续，并根据"替代规则"进行确认。替代规则的法理依据在于，通过将标的股份原有计税基础作为目标企业股东取得收购企业股份的计税基础以体现股东未处置的投资额，并保证股东在未来实际处置投资环节重新得以实现所得或确认损失。在运用替代规则确定收购对价计税基础时，需要区分三种情况。第一，如果目标企业股东全部取得的是收购企业的股份支付，则该笔股份的计税基础就等于交换前目标企业所放弃的原股份的计税基础。第二，如果目标企业股东取得了部分额外支付，则其取得的收购企业股份的计税基础为目标企业股东所放弃的原股份计税基础减去额外支付在交易日的公允价值，再加上根据额外支付规则而确认的所得。对于目标企业股东取得的这部分额外支付的计税基础，按照交易日公允价值确认即可。第三，如果目标企业股东取得了收购企业多种股份或多种债券，或同时收取股份和债券，则需要根据"替代规则"确定总对价的计税基础，并继续根据不同股份或债券的公允价值对总的计税基础进行分摊，以防止人为操控计税基础进行避税。

（2）目标企业的税收待遇。在资产收购和企业合并业务中，还会涉及目标企业层面的税收问题。第一，作为资产收购中的转让方，目标企业转让标的资产并收取对价。当对价全部为收购企业股份时，不涉及确认所得或损失问题，目标企业获得的收购企业股份的计税基础按标的资产原计税基础替代；当存在额外对价时，目标企业需要依照前述额外对价确认所得规则纳税，同时对其取得收购企业股份的计税基础进行相应的调整。第二，作为合并业务中的被合并方（即目标企业）。合并方并不是与被合并方直接交易，而是通过向被合并方的股东支付并购对价购买被合并方。由于企业合并的结果会导致被合并方整体并入合并方，需要进行法律意义上的清盘解散，但税法基于股东利益持续和营业活动继续，不视同企业在合并之际终止经营，只不过是一种经营的调整，因此被合并方无须进行税收上的清算。第三，在企业合并业务中，目标企业的税收属性得以延续。通常来说，当企业的法律人格消失后，其独立的纳税身份亦随之消失，企业自身的税收属性不复存在。而在免税并购中，目标企业的独立纳税人格由并购后企业承继，那么目标企业的各种税收属性也应由并购后企业承继，这就是所谓的"税收属性结转规则"。税收属性结转是对利益持续原则的具体诠释，目标企业股东对目标企业的所有者权益并没有因目标企业的解散而丧失，即目标企业股东对目标企业所有业务、资产、负债及人员的相关权利与义务关系仍然保留，只是承继这些权利义务的主体发生变化，因此需要将目标企业的税收属性转移给继续存续的企业使用。计税基础就是企业税收属性的一种，计税基础替换就是一种税收属性的结转方式，除此之外，企业尚未确认的收入、尚未弥补的损失、尚未享受完毕的税收优惠也都是税收属性结转的构成内容。为了防止企业有目的地利用税收属性的结转获得不当的税收利益，各国税法都会对亏损弥补、优惠承继等税收属性的结转进行相应的限制。

（3）收购企业的税收待遇。收购企业作为并购交易的发起方，同样涉及损益确认以及税收属性结转问题。在免税并购中，收购企业通常无须确认损益，但如果收购企业支付了自身股份以外的额外对价，则需根据额外对价的具体形式判定是否产生纳税义务。具体来说，当额外对价为现金、自身发行债券时不确认损益；当额外对价为增值或贬值资产时，相当于收购企业处置了该项资产，获得的资产转让所得或形成的资产转让损失均应纳入课税范畴。对于税收属性结转问题,一方面是计税基础的结转待遇,如果目标企业在并购中未确认应税所得,收购企业取得的标的资产或股份的计税基础应平移这些资产或股份的原有计税基础;如果目标企业确认应税所得,则收购企业对这些资产或股份的计税基础应按资产或股份的原有计税基础与目标企业应税所得之和确认。另一方面是亏损弥补与优惠承继,正如前文已述,为了防止企业利用有利税收属性结转实现避税目的,各国税法均作出一定的限制条款。如美国税法对未通过"股权变动"测试的净营业亏损的结转设定了限额,其所依据的原理是收购企业可结转弥补的亏损不应超过目标企业假设在继续存续状态下所获得的能够弥补净营业亏损的所得额。日本税法要求只有构成适格的成员集团且超过一定年限后,净营业亏损的结转弥补才可以全部进行使用。英国税法对于目标企业可向前结转的亏损仅可用于冲抵同一业务形成的利润,一旦并购后目标企业业务类型变化,则该笔亏损结转待遇即宣告结束。

3.3.2 应税并购的适用条件与税收待遇

对于不能同时满足股东利益持续、营业企业继续以及合理商业目的的企业并购交易都属于应税并购的范畴。此时,税法将企业并购视为一种普通的股权或资产转让行为,不再给予特殊照顾。应税并购的总原则是,转让方需要在交易发生的当期确认资产转让所得或损失,收购方按公允价值确认所收购资产的计税基础。由于不同的并购方式下,纳税人、计税依据与计税基础确认等税收要素差异较大,因此需要结合不同的并购方式分别阐述应税并购的税收待遇。

3.3.2.1 应税资产收购的税收待遇

在应税资产收购中,收购方通过支付现金或债券等形式购买目标企业全部或大部分资产,以达成其对标的资产的拥有与使用。从交易主体来看,应税资产收购中的两个纳税人分别为目标企业与收购企业。其中,目标企业作为应税资产收购中的转让方,应确认资产转让所得或损失,确认金额为其取得的全部对价的市场价值与其转让的标的资产的计税基础之间的差额。收购企业作为支付对价的一方,通常不涉及损益确认,但如果收购企业使用了非股票之外的资产(不包括现金)作为支付对价,也会同样涉及资产处置损益的确认问题。除了目标企业和收购企业外，目标企业股东也可能成为潜在纳税人，是否触及纳税义务则需要依据目标企业并购后是否向股东进行股息的分配。一旦标的资产出清后，目标企业将资产处置所得分配给股东，则目标企业股东需要就分得的所得纳税，此时目标企业和其股东面临着经济上的重复课税。对于税法上区分普通所得与资本利得的国家，通常将股东从企业分得的所得按资本利得对待，并给予低税率或免税等优惠税率待遇；对于不区分普通所得与资本利得的国家，则采取归集抵免或直接免税等做法消除重复征税。

应税资产收购税收待遇的另一个重要问题是计税基础的确定和商誉价值的摊销。其中，计税基础的确认直接影响收购企业对所收购资产的原始价值的计价，进而影响后续收购企业可以税前扣除的折旧额或摊销额。特别是资产收购往往是整体收购或"一揽子"资产的转移，如何将交易总价分摊至每一单项资产上影响收购企业未来的税收利益。从企业的角度更希望将收购对价更多地分摊到可立即获得抵税的长期资产上，如土地、固定资产等，这类资产通过折旧可实现收购企业应税所得的减少。有些国家的加速折旧政策可以大大提高税前抵扣的速度，还有些国家对来源于长期资产的收入设定了税收优惠[①]，也促使企业有放大长期资产计税基础的主观动机。为了对这种避税动机进行适当限制，计税基础分摊规则应运而生。美国税法中的"剩余价值分摊法"[②] 尤为典型，通过将资产按照流动性分为四类，并依次将交易总价分摊至四类资产组项下，同项资产组内部按照市场价值比例分摊，以保证资产计税基础分摊的公允性，防止避税。对于资产收购中商誉价值的确认与摊销，各国情况不尽相同。有些国家如美国、日本、德国、荷兰等允许并购中的商誉按照一定的年限以直线法摊销扣除，有些国家则不允许并购中的商誉摊销，只能在整体清算时可以扣除，产生这种差异的根源也是为了避免并购双方以牺牲政府税收利益为代价获取不当的税收利益，是反避税原则的又一体现。

3.3.2.2　应税股权收购的税收待遇

与应税资产收购可能给目标企业及其股东带来双重税收负担不同，应税

---

① 加拿大税法规定，企业在长期资产实现的收入的 50% 免税。

② USA Treas. Reg. S1. 1060 – 1.

股权收购可以避免资产转让所得的税收从企业到股东两次流转，而直接通过目标企业股东层面转让股权的方式实现收益的获取，将税收锁定在单一的股东层面。目标企业股东须就所取得的对价总额与其持有股权成本之间的差额确定股权转让所得或损失。同时，一些国家还会对股权转让给出一些优惠税率，或者根据获得资本利得的纳税人类型以及持有股权的目的而决定是否予以免税。应税股权收购中，目标企业一般不产生纳税义务，也不转移税收属性，因为目标企业并不是股权收购的参与方，只是发生股权结构的变化，其独立的法人人格得以保持。值得一提的是，美国税法中存在三种情形允许纳税人将应税股权收购按应税资产收购的税收待遇进行处理，① 此时需要按照应税资产收购分别确认目标企业及其股东层面的税收问题。对于应税股权收购中的收购企业而言，通常不涉及所得确认问题，但当其支付的对价中包含增、减值资产时除外。

3.3.2.3　应税企业合并的税收待遇

应税企业合并是合并方对目标企业全部资产与负债的概括承受，应税合并的法律结果会导致目标企业清算，目标企业股东分得清算企业剩余资产，目标企业解散注销。由于各国对企业清算的税法规则均有明确规定，因此一般鲜有对应税合并的专项规则。从应税合并的交易过程来看，可以视同为目标企业（被合并方）向收购企业（合并方）转让了全部资产与负债并得到相应的对价，随后目标企业股东从目标企业撤回投资，目标企业将所收取的对价支付给其股东，目标企业注销。在这一过程中，目标企业的税收待遇与应税资产收购类似，均需确认资产转让所得或损失，目标企业股东分得的资产按普通所得或资本利得课税。收购企业取得目标企业全部资产、负债按其收购时支付对价的公允价值确定，并依据一定的分摊方法将交易总价在各项资产、负债中进行确认。

---

① 一是目标企业在股权收购后选择清算并向股东分配剩余资产；二是收购企业在并购后至少持有目标企业 80% 以上有表决权的股票，且该股票占到目标企业总股票价值的 80%，且交易是由连续12 个月内一个行为或一系列收购行为所组成；三是目标企业隶属于某个合并纳税集团企业。参见 USA I. R. C. S1504（a），S331，S332，S338（h）（2）。

3.3.3　跨国并购的税收待遇

跨国并购税收制度重在体现一国对税收管辖权的维护，打击跨国避税行为。其中，颇具特色的是对跨国并购适用免税并购的限制以及对受控外国企业适用免税并购的限制。

当一国对跨国并购按照国内并购税制中的"免税并购"规则适用时，其结果是该国企业将已增值财产或权益转移至另一国后，未来该增值收益可能无法实现，导致递延纳税待遇成为实质性的税收豁免。如果不对跨国并购适用免税并购加以限制，很有可能造成一国税收管辖权无以为继。这种情况在控制权向外转移模式下最为普遍，本国目标企业通过免税并购将已增值的资产转让给外国收购企业，本国未对该笔所得课税，而收购企业随后将其收购的资产进行转让，所得收益已归属于收购企业所在国的税收管辖权，造成了目标企业所在国税收权益外流。为了防止出现这种情况，绝大多数国家都不向控制权向外转移的跨国并购模式开放免税并购规则的适用。美国是少数几个允许所有权外转模式适用免税并购的国家之一，但适用条件较为苛刻，必须符合"外国积极营业例外规则"①，目标企业才可免于确认资产转让收益。此外，"折旧取回"与"亏损取回"规则进一步堵塞了跨国并购隐藏的避税漏洞。所谓"折旧取回"是指在资产转让所得中应分离出属于加速折旧而确定的收益部分，并将其作为普通所得当期课税，剩余部分所得属于资本利得，符合免税条件可以适用。这相当于本国从全部收益中取回折旧部分，能够防止所得混同而产生的避税。所谓"亏损取回"是指当本国目标企业通过免税并购向外国企业转让已经享受过亏损弥补的外国分支机构或其资产时，需要将已弥补的亏损冲回，据此重新计算资产转让所得，该规则可以有效避免亏损型外国分支机构未来获利但美国政府无权征税而造成的损失。

---

① I. R. C. 367（a）（3）。所谓"外国积极营业例外规则"实质符合积极营业要件、积极利用要件、股权集中要件，标的财产不属于避税财产以及转让后的持有周期要件这五项条件的跨国并购。具体而言，即作为并购方的外国企业必须在美国拥有一个积极的营业或贸易活动，且其收购的财产必须用于这项积极的营业或贸易活动。并购完成后，该美国企业80%以上的表决权股份必须继续保留在美国企业股东。所转让的标的财产不属于存货、自创版权、未经课税的债权等易于避税的有形或无形财产，且并购结束后的6个月内收购方不得将并购标的转让给第三方（转让其在美国设立的从事积极营业活动的子公司或合伙企业除外）。

当一国企业通过免税并购收购另一国的受控外国企业时，可能致使其不再符合受控外国企业标准，从而规避另一国对受控外国企业的税收管制，造成另一国税收权益的丧失，如果不设计反避税规则，那么受控外国企业条款将形同虚设。美国联邦税法规定，如果因跨国并购导致对目标企业直接或间接持股10%以上的美国股东丧失股东资格，并因此使目标企业不再属于该美国企业的受控外国企业时，目标企业全部累计盈余中归属于股权转让比例的部分应立即确认为股息所得，并按普通所得课税，以阻止通过免税并购规避受控外国企业的管制。

除上述两项内容外，跨国并购中还存在着转移利润、资本弱化等问题，各国分别在这两项内容上制定了相应的反避税规则，但具体规则并不因其适用场景是企业并购而与一般的特别纳税调整规则有明显差异，故本书在此不再赘述。

第4章 税收影响企业并购
动因的实证分析

　　准确界定影响企业并购的税收因素并对其影响程度加以测度，是科学设计企业并购税收制度的关键。根据税收影响并购的理论分析可知，净营业亏损的结转、税收优惠利益的获取、资产计税基础的增加以及债务利息的税盾是企业发生并购的重要诱导性因素，而这些因素作用的发挥具体建立在对目标企业的税收属性的评价基础上。本章通过实证分析的方法，研究税收是否构成企业并购的动因，即目标企业具备特定的税收属性时，是否更有可能成为被并购的对象。通过采用 Logit 模型对可能成为企业并购动因的税收因素与非税因素进行实证检验，重点分析税收影响企业并购的路径与效果，为企业并购税收制度的完善提供指引。

4.1　实证研究假设

　　第一，企业所得税法对于实现盈利的企业要求就其所得当期全部课税，但对于出现的亏损则无法在当期或通过抵减以前期间的盈利予以弥补或退还，造成了所得税的非对称性。特别是我国企业所得税中的亏损弥补采用了有期限的向后结转方式，亏损向后结转弥补时间为 5 年，只有高新技术企业或科技型中小企业允许向后结转 10 年。由于普适性的亏损结转弥补期限较短，造成我国企业所得税的非对称性效应明显。如果存在一种机制，使法人主体之间的亏损可以实现转移，让短期内无法实现所得的一方将其亏损转移给有能力弥补的一方，使这些亏损可以得到更快的抵销，以挽回由于亏损递延弥补产生的货币时间价值的损失和可能出现的因无能力弥补而造成的亏损过期，则可以实现两家企业在税收利益上的帕累托改进。

企业合并为这一机制的实现提供了可能。我国《公司法》规定："公司合并时，合并各方的债权、债务，应当由合并后存续的公司或者新设的公司承继。"公司在进行生产经营时，不可避免会产生对外的债权、债务，公司一旦发生合并，至少有一家公司的法律人格丧失，存续或新设公司也较之前公司不同，根据主体的承继性原则，公司合并后必须由存续公司或新设公司承继合并各方的债权、债务，分别进行债权的清收和债务的清偿。我国企业并购所得税政策中对于被合并企业尚未弥补完的亏损也有类似的承继规则，当企业合并满足税法特殊性税务处理条件时，被合并企业的亏损可以在限额内结转至合并企业弥补。显然，在仅涉及亏损弥补而不考虑其他因素的情况下，合并后企业的纳税总额将不超过合并前单独主体的纳税额合计，也就是说，企业合并可以减弱非对称性所得税税制对企业税收利益的负面影响，实现税收上的协同效应。正是由于存在着这种亏损结转弥补的机制，亏损企业往往在更大概率上可能成为被并购的对象，特别是盈利企业合并亏损企业以冲抵自身的应税所得实现节税效果。据此，提出研究假设 1：具有税收亏损的目标企业，被并购的可能性更大。

第二，作为影响企业税收负担的一项重要制度要素，税收优惠也会诱导企业并购的发生。通过并购具有税收优惠属性的目标企业，实现税收优惠条件的达成或既有税收优惠的承继，可以降低企业税负，实现税收协同效应。特别是我国经济当前处于转型期，且面临复杂的国内外政治与经济环境，为减轻企业负担，增强企业竞争力，国家出台了一系列减税降费的优惠政策，主动持续地优化税收环境。诸如为扶持特定产业的税收减免，为鼓励高新技术企业而设置的优惠税率，为激励研发投入的加计扣除，为促进设备更新换代的加速折旧等，这些税收优惠政策给企业带来的节税效应十分可观。然而，许多企业并不满足税收优惠政策的适用条件，通过企业并购重塑企业的税务结构以满足享受优惠的前提成为一种可行的选择，或者通过并购已经享受税收优惠的企业或业务，实现对税收优惠的承继以降低税负。比如，通过企业合并，被合并企业所得税事项由合并企业承继，合并各方涉及享受企业整体税收优惠过渡政策尚未期满的，可就存续期未享受完的税收优惠继续享受；通过资产收购，与所转让的资产相关的税收优惠待遇一并转移至收购方。显然，税收优惠成为税收政策与企业并购之间的传递机制，也成为企业发生并购行为的一项重要动因。据此，提出研究假设 2：享受税收优惠的目标企业，被并购的可能性更大。

　　第三，企业购置的固定资产、不动产在若干个生产周期内可以持续保持其原有的物理形态并持续为企业提供生产性服务，这类资产的价值是通过磨损逐渐转移到产品成本中的，这部分转移的价值就是资产的折旧。税法允许企业扣除资产折旧，从而形成一种对税收的抵销效果，通常称之为"税收挡板"。计算税法认可的资产折旧的价值被称为计税基础，资产的计税基础一般以取得资产时的价值确认，并在未来的持续使用过程中，始终按照这一历史成本计算折旧扣除。历史成本强调，在一定的环境和时间下，企业为取得资产而发生的实际支出是固定的，作为资产的计税基础，企业不能随意调整。尽管资产的价值可能会因市场价格波动或资产减值等而发生变动，但税法通常并不认可这种过程中的变化，不对资产的计税基础进行调整。

　　企业并购为改变资产的计税基础提供了可能，无论是企业合并还是资产收购，并购标的的所有权都会从一个法人主体转移到另一法人主体当中。伴随着标的资产所有权的转移，资产的增减值需要纳入转让方的应纳税所得额中予以确认，即资产的增减值得以在税法上实现，那么这一增减值就可以附着在资产原有计税基础之上一并成为收购方取得资产的计税基础。如果资产的评估增值潜力较大，比如不动产、土地使用权一类的非流动资产，那么并购方将获得一个较大的税收挡板效果，从而减少所得税的纳税负担，同时保持现金流量。据此，提出研究假设 3：具有税收挡板的目标企业，被并购的可能性更大。

　　第四，修正的 M&M 理论指出，假设市场是完全的，在考虑公司所得税后，负债经营会因利息减税作用而使公司价值上升，因为负债越高公司的加权平均成本就越低，公司的收益或总价值就越高，因此最佳资本结构是债务资本占资本结构的 100%。债务税盾效应在企业并购中的作用发挥主要从两方面进行：一方面是通过企业并购使并购方和目标企业之间形成合作保险组织，降低企业的融资成本并减轻企业的财务困境；另一方面是通过并购中增量债务的生成和存量债务的继承而产生利息税前扣除的效果。其中，增量债务的生成是指企业在并购对价中增加债务融资成分的使用以直接获得债务利息的税前扣除，但这一利息扣除的额度需在税法认定的合理限额内。具体来说，合理的债务利息支出可以在所得税前扣除，这是各国企业普遍遵循的基本扣除原则。其中"合理"的界定需要结合融资渠道、资本弱化等多个因素进行判定，诸如是通过金融机构借入还是企业之间的拆借将直接影响贷款利息是否可以得到充分的扣除；资金借贷双方是否存在投资关系以及双方债权投资与股权投资间的比重将直接影响计算税前扣除利息的贷款本金金额。对于存量债务的继承，是指在企业并购中并购方通过业务的收购或企业合并的方式而获得目标企业存量生息债务，未来可税前扣除此类生息债务的利息支出。相比之下，企业并购中产生的增量债务通常是作为并购对价的一种方式，而存量债务则构成并购标的的一部分，当仅就目标企业的税收属性判定其发生并购的可能性时，具有存量生息债务的目标企业更可能成为被并购的对象。据此，提出研究假设4：具有债务税盾的目标企业，被并购的可能性更大。

4.2　实证研究设计

4.2.1　样本选取

4.2.1.1　样本选取标准

2008年，我国企业所得税领域实施了"两税合一"，将原内外资并行的两部企业所得税法合并为一部内外资统一适用的企业所得税法，并于2009年重新明确了企业并购重组的税收规则。为了剔除新企业所得税法实施前原所得税制度对企业税收属性特征的影响，以及新并购重组规则实施前对企业并购税收待遇的影响，本章以2009~2018年A股市场全部上市公司作为研究对象。数据主要来源于国泰安数据库（CSMAR）中的"中国上市公司并购重组研究数据库（GTA_MA）"以及"中国上市公司财务报表数据库（GTA_FS）"。考虑到本章研究目标企业的税收属性与其被并购概率之间的关联度，因此需要获取目标企业为上市公司的并购样本，同时，为了进行对照分析，还选取目标企业为上市公司但未发生并购的企业作为配对样本。

在具体选取样本时，综合考虑以下因素：

（1）考虑到金融企业财务特征与税务特征显著不同于其他行业，且金融行业存在资本管制，因此剔除了行业类型为金融类的上市公司。

（2）鉴于资产剥离、资产置换、债务重组不属于本书研究的并购范畴，剔除了并购重组数据库中这三种类型的相关数据。

（3）将不符合中国证监会所界定的"重大资产重组"的样本进行剔除，以确保研究样本与税法定义并购的一致性。

（4）剔除目前已经退市，变量数据不全以及数据存在明显错误的上市公司。

（5）为了防止异常值对研究结果的影响，对连续变量进行缩尾1%处理。

（6）按同行业、同规模、等比例原则随机选取配对样本。

当设定目标企业为上市公司，而并购方不受限定的条件下，共获得894个并购样本，同时选取配对样本894个，总计1788个研究样本。

4.2.1.2　样本的总体情况

按照中国证监会2012年发布的《上市公司行业分类指引》，对样本按照行业大类进行整理，其中，由于行业代码 M 以后的行业较为零散且体量较小，按通常做法将其全部并入 M 中，并作为综合类处理。样本的行业分布情况如表 4 - 1 所示。

表 4 - 1　　　　　　　　　并购样本的行业分布　　　　　　　单位：起

行业	并购样本	配对样本	合计
A 农、林、牧、渔业	18	18	36
B 采矿业	33	33	66
C 制造业	514	514	1028
D 电力、热力、燃气及水生产和供应业	41	41	82
E 建筑业	20	20	40
F 批发和零售业	66	66	132
G 交通运输、仓储和邮政业	38	38	76
H 住宿和餐饮业	3	3	6
I 信息传输、软件和信息技术服务业	53	53	106
K 房地产业	43	43	86
L 租赁和商务服务业	16	16	32
M 综合类	49	49	98
合计	894	894	1788

从表 4 - 1 可以看出，2009～2018 年目标企业为上市公司的并购样本涉及除金融保险以外的 12 大类行业。其中目标企业为制造业的发生并购数量最多，共514 起，占并购样本总量的57.5%，这反映出制造业行业内部竞争的激励性，以及制造业通过资本市场的并购整合进行转型升级。其次是批发和零售业、信

息传输、软件和信息技术服务业，分别发生 66 起、53 起，占并购样本总量的 7.38%、5.93%，这两类行业由于资金流动性强，受到国家优惠政策的扶持等因素，有着较快的发展速度，并购交易较为活跃。此外，房地产行业并购数量也占到并购总样本的 4.8%，主要是受到经济下行压力和国家宏观调控等因素的影响，房地产业整合速度加快，并购数量上升。相比之下，农、林、牧、渔业、租赁和商务服务业以及住宿和餐饮业的企业并购数量较少。样本行业分布的不均衡性需要在研究中对行业变量进行控制。

表 4 – 2 显示了并购样本的年度数量分布情况。从总体趋势上来看，最近 10 年我国企业并购数量稳步上升。为应对 2008 年金融危机对资本市场的冲击，我国政府于 2008 年底发布"金融 30 条"①，就如何加大金融支持力度，促进经济平衡发展提出诸多具体措施。其中特别强调"维护资本市场稳定"，提出"支持有条件的企业利用资本市场开展兼并重组，促进上市公司行业整合和产业升级"。同时，商业银行贷款也从 2008 年 12 月开始获批进入股权投资领域，② 为企业并购重组提供了稳固的资金来源。在政府和银行共同的政策扶持下，我国上市公司并购数量稳步回升，截至 2013 年末，我国上市公司并购数量与 2009 年相比，增长了 83.7%。为进一步营造良好的市场环境，充分发挥企业兼并重组对化解过剩矛盾、优化产业结构、提高发展质效的作用，2014 年国务院印发《关于进一步优化企业兼并重组市场环境的意见》，就企业兼并重组面临的突出矛盾和问题，提出了 7 个方面的政策措施，其中特别指出"改善金融服务"和"落实和完善财税政策"以支持企业兼并重组。为贯彻落实这一要求，银监会就推进商业银行并购贷款业务修订了有关政策，财政部、税务总局就企业并购企业所得税、土地增值税等政策进行了完善，为企业并购创造了良好的外部环境。从 2014 年开始，我国上市公司并购数量步入明显上升期，截至 2018 年，仅目标企业为上市公司的重大资产重组就达到 142 起，是 2009 年的 3.3 倍。样本随年度的不同分布需要在研究中对年度变量进行控制。

---

① 国务院办公厅印发《关于当前金融促进经济发展的若干意见》，俗称"金融 30 条"。
② 中国银监会关于印发《商业银行并购贷款风险管理指引》的通知。

表 4-2		并购样本的年度分布	单位：起
年份	并购样本	配对样本	合计
2009	43	49	92
2010	44	45	99
2011	58	57	115
2012	65	61	126
2013	79	80	159
2014	100	102	202
2015	114	111	225
2016	118	122	240
2017	131	127	258
2018	142	140	282
合计	894	894	1788

　　表 4-3 显示了并购样本的地区分布，其中，东部地区的上市公司被并购的数量最多，10 年中累计发生 601 起。这首先要归因于东部地区的经济体量大，东部地区国内生产总值占全国国内生产总值的 60.7% 左右，是我国经济最活跃的区域。其次是东部地区上市公司总量大，截至 2018 年底，我国 A 股上市公司总数量为 3567 家，东部地区上市公司数量为 2589 家，占比 72.3%。最后是东部地区民营上市公司数量众多，特别是东部地区中的长三角、珠三角经济带民营上市公司数量庞大，一些民营上市公司在经过了快速成长期后，受制于市场容量饱和、价格竞争充分等因素影响，仅靠内向型发展出现了困境，转而通过并购重组提升发展潜力。另外，从表 4-3 中还可以发现，我国西部地区上市公司被并购数量超过中部地区，这可能与西部地区上市公司规模、业绩状况以及西部地区享受区域性税收优惠有一定关系。并购样本随区域分布变化的特点需要在研究中对地区变量进行控制。

表 4-3		并购样本的地区分布	单位：起
地区	并购样本	配对样本	合计
东部	601	637	1238
中部	135	121	256
西部	158	136	294
合计	894	894	1788

4.2.2 变量选取

4.2.2.1 被解释变量

税收影响企业并购的一个重要表现就是税收可能作为企业并购的一项动因，其实现路径在于为获取被并购对象即目标企业的税务资源。本部分的实证研究检验税收是否构成企业并购的动因，通过实证检验具有某些特定税务特征的企业是否在更大概率上成为被并购对象。因此，本部分选取的被解释变量是企业是否发生并购行为，记为 *Merge*。被解释变量属于决策型二值变量，根据目标企业被并购的实际情况，将目标企业集合划分为被并购组和未被并购组，当被解释变量取值为 1 时，表示目标企业被选择，即发生了并购；当被解释变量取值为 0 时，表示目标企业未被选择，即未发生并购。

4.2.2.2 解释变量

根据研究假设，具有亏损弥补、税收优惠、税收挡板、利息税盾的目标企业更有可能成为被并购对象。解释变量就是对这些税务特征进行指标性量化，以方便进行实证分析。基于此，本章提出四个税收解释变量。

（1）亏损弥补。根据我国企业所得税法规定："企业每一纳税年度的收入总额减除不征税收入、免税收入和各项扣除后小于零的数额即为税法所称亏损。企业纳税年度发生的亏损，准予向以后年度结转扣除，但结转年限最长不得超过 5 年"。税法意义上的亏损是基于对每年度的企业会计利润进行纳税调整后的结果，这一数据会体现在企业向税务机关报送的年度企业所得税汇算清缴申报资料中，而这一资料即便对于公众上市公司也不属于公开披露内容。为保证研究的可行性，可以采用利润总额、净利润、营业利润等财务报表数据刻画企业盈亏状况，更为严谨和合理的做法，应该是采用未分配利润作为描述企业亏损的替代变量（Alan & David，1986；张妍，2009），因为未分配利润是一个累计数，可以综合考察企业截至并购前的盈利或亏损情况。本书采用未分配利润衡量目标企业是否存在亏损弥补，以并购前一年目标企业资产负债表中未分配利润的年末余额为基础，如果该金额为负数，亏损弥补变量取值为 0，表示有可弥补的亏损；如果该金额为正数，亏损弥补变量取值为 1，表示没有可弥补的亏损。预测该变量的回归系数符号为 "－"，如果目标企业存在亏损弥补因素，被并购的可能性大；如果目标企业没有亏损弥补因素，被并购的可能性小。

（2）税收优惠。目标企业是否享受税收优惠（favorable tax policy，*FTP*），可以根据其实际税率的高低进行判定。实际税率（effective tax rate）是企业实际产生的所得税费用占利润的百分比，具体的计算方法可以归结为两类。第一类是直接计算法。根据企业当期利润表中所得税费用除以利润总额进行计算（Porcano，1986；吴联生，2009）。为防止企业由于大量的货币资金而造成财务费用冲减经营费用，可以使用息税前利润（*EBIT*），即不扣除利息和所得税的利润替代利润总额作为分母，据以计算实际税率（Porcano，1986）。第二类是间接计算法。在所得税费用的计算中剔除递延所得税因素的影响再计算二者的比值（Stickney and McGee，1982；Shevlin，1987）。具体来说，就是在所得税费用中加回递延所得税资产的增加，减去递延所得税负债的增加，从而将会计口径的所得税费用还原为应交所得税。本章首先采用第一类方法确定目标企业是否享受税收优惠，在后续对实证结果的稳健性检验中采用第二类方法。预测该变量的回归系数符号为" -"，目标企业实际税率越低，说明享受了税收优惠，则被并购的可能性越大；目标企业实际税率越高，说明未享受税收优惠，被并购的可能性越小。

（3）税收挡板。税收挡板（即资产税基增加，basis step-up，*BSU*）是来自目标企业资产评估增值所带来的折旧抵税的效果，根据税收挡板的含义，借鉴默尔·埃里克森（Merle Erickson，1998）的做法，假设所有交易标的都属于可折旧资产，以交易标的的评估价值减去其账面价值的差额乘以企业所得税法定税率，再除以交易标的的评估价值，以此作为衡量税收挡板大小的指标。该变量需要通过手工搜集上市公司公开披露的并购公告，并根据资产评估结果计算得出。预测该变量的回归系数符号为" +"，目标企业税收挡板越大，对并购方而言更有税收上的吸引力，被并购的可能性越大；目标企业税收挡板越小，被并购的可能性越小。预测该变量的回归系数符号为" +"，即可增值资产比重越大，发生并购的可能性越大；可增值资产比重越小，发生并购的可能性越小。

（4）利息税盾。目标企业如果存在存量生息债务且在收购后可以转移到并购方，或并购方通过增量产生债务融资都可以形成利息抵税效果，这就是利息税盾（interest tax shield，*ITS*）。衡量企业债务规模的主要方法是计算资产负债率，该指标是评价企业负债水平的一个综合指标，既能够反映企业利用债权人资金从事经营活动的能力，同时还可以衡量债权安全程度。预测该变量的回归系数符号为"+",即目标企业资产负债率越高,产生的利息税盾效果越大,越有可能被并购;目标企业资产负债率越低,被并购的可能性越小。

4.2.2.3 控制变量

在检验税收因素是否构成企业并购动因的同时,需要对其他影响并购行为的因素进行控制,以保证实证检验结果的准确性,本书引入其他可能构成企业并购动因的非税收变量作为控制变量来对研究过程加以控制。

(1)企业规模。经验研究发现,目标企业规模与是否被并购具有负相关关系(李善民,2003),即目标企业规模越小,其被并购的可能性越大;而并购方规模与是否并购存在正相关关系,并购方规模越大,发生并购的可能性越大。本书采用并购前一年目标企业总资产账面价值的自然对数作为衡量目标企业规模的指标。预测该变量系数符号为"-",目标企业规模越大,被并购的可能性越小。

(2)营收能力。市场力量理论指出,通过并购交易可以使企业扩大市场规模,提升产品市场占有率,以减少行业内竞争,获得垄断利润。企业营收能力可以作为刻画企业市场规模的一个较好的指标,营收能力越强的目标企业往往成为理想的并购对象。本书以营业收入增长率作为衡量目标企业营收能力的指标。预测该变量系数符号为"+",目标企业营收能力越强,被并购可能性越大。

(3)企业价值。目标企业的企业价值高低也是影响并购决策的重要因素,企业并购前财务尽职调查工作中的重要一环就是对目标企业价值进行评估。市盈率反映了上市公司未来的发展前景,是作为衡量企业价值的重要指标。一般认为,市盈率越高,说明投资者对上市公司的股票越有信心,这样的上市公司更具有投资价值,也更容易成为被并购的对象。预测该变量符号为"+",目标企业的企业价值越大,越可能被并购。

(4)产权属性。国有企业和民营企业面临不同的制度约束,相对于国有企业,民营企业私有化的产权属性决定了其在发展战略、经营方式与资本结构等方面更具有灵活性。因此一般认为目标企业为民营企业,被并购的概率大于目标企业为国有企业的概率。如果目标企业产权属性为国有企业,取值为0;如果目标企业的产权属性是民营企业,取值为1。预测该变量符号为"+",即目标企业为民营企业被并购的可能性更大。

除上述控制变量外，为了消除年度、行业、地区间的差异对回归结果的影响，本书还在模型中加入了年度虚拟变量（记为：*Year*）、行业虚拟变量（记为：*Indus*）和地区虚拟变量（记为：*Region*）。具体变量即计量方法详见表 4 - 4。

表 4 - 4   **变量及计量方法**

变量类型	变量名称及符号	内涵界定及计量方式	预测符号
被解释变量	并购决策（*Merge*）	二元逻辑变量，发生并购取值 1，未发生并购取值 0	
解释变量	亏损弥补（*Loss*）	二元逻辑变量，并购前一年目标企业未分配利润小于 0 取值 0，大于 0 取值 1	-
	税收优惠（*FTP*）	并购前一年目标企业所得税费用除以息税前利润	-
	税收挡板（*BSU*）	并购标的评估价值减去账面价值的差额乘以企业所得税法定税率再除以并购标的评估价值	+
	利息税盾（*ITS*）	并购前一年目标的企业资产负债率	+
控制变量	企业规模（*Size*）	并购前一年目标企业总资产的自然对数	-
	营收能力（*Profit*）	并购前一年目标企业营业收入增长率	+
	企业价值（*Value*）	并购前一年目标企业市盈率	+
	产权属性（*State*）	二元逻辑变量，目标企业为国有企业的，取值 0，目标企业为民营企业的，取值 1	+
	年度虚拟变量（*Year*）	并购完成日的所属年度	?
	行业虚拟变量（*Indus*）	目标企业的所属行业	?
	地区虚拟变量（*Region*）	目标企业的所属地区	?

4.2.3 模型的建立

许多社会现象本质上是离散的或定性的，而不是连续的或定量的，比如某个事件是否发生、个人作出的某种而非另一种选择，由一个状态到另外一个状态，包括本章所研究的主题，企业是否发生并购也属于此类离散型变量。此时，一般的线性回归模型无法处理因变量为 0 和 1 的情况，因此本章使用逻辑斯蒂回归模型（logistic regression），并构建二项式结构的逻辑斯蒂回归模型：

$$P_i = f(\beta' X_i)$$

其中，P_i 代表某个企业 i 通过应税并购方式对其目标进行并购的概率，β 是回归系数，X_i 代表并购方和目标企业的特征。

具体的回归分析模型，本书借鉴奥尔巴奇和雷萨斯（1988）的实证研究方法，构建二元 Logit 模型，基于亏损弥补、税收优惠、税收挡板、利息税盾这 4 项企业税收属性来研究税收对企业并购行为产生的影响，同时，加入企业规模、成长性、营收能力、企业价值、产权属性这 5 项可能影响企业并购的非税收变量，还对年度、行业和地区进行控制。实证回归模型如下：

$$
\begin{aligned}
Merge_{i,t} &= \beta_0 + \beta_1 Loss_{i,t} + \beta_2 FTP_{i,t} + \beta_3 BSU_{i,t} + \beta_4 ITS_{i,t} \\
&+ \beta_5 Size_{i,t} + \beta_6 Profit_{i,t} + \beta_7 Value_{i,t} + \beta_8 State_{i,t} \\
&+ \sum_{k=9}^{17} \beta_k Year + \sum_{l=18}^{28} \beta_l Indus + \sum_{m=29}^{30} \beta_m Region + \mu_{i,t}
\end{aligned}
$$

4.3　实证检验与分析

4.3.1　样本的描述性统计

运用统计软件 Stata15.1，对并购组样本和配对组样本的所有解释变量进行统计描述分析，结果见表 4 - 5。

表 4 - 5　　　　　　　　　　　解释变量的描述性统计

变量名称	并购组				配对组			
	样本数（个）	均值	标准差	中位数	样本数（个）	均值	标准差	中位数
Loss	894	0.619	0.385	1	894	0.909	0.287	1
FTP	894	0.218	0.634	0.197	894	0.215	0.637	0.201
BSU	894	0.128	0.071	0.131	894	0.115	0.064	0.118
ITS	894	0.510	0.216	0.494	894	0.413	0.206	0.398
Size	894	8.508	0.536	8.469	894	9.421	0.517	9.336
Profit	894	0.531	2.098	0.0490	894	0.441	1.807	0.0550
Value	894	95.22	173.4	37.50	894	78.44	137.9	37.72

表 4 - 5 对并购组和配对组的各变量进行了描述性统计。根据统计数据，并购组的 894 个样本中，目标企业处于亏损状态的有 162 家，占并购组样本总量的 18.12%，而配对组只有 81 家亏损企业，占配对组样本总量的 9.06%。从描述性统计可以发现，并购组亏损弥补的均值为 0.619，低于配对组样本均值 0.909，进一步说明目标企业亏损更有可能成为被并购的对象。从税收优惠情况来看，并购组与配对组企业实际税率差异并不明显，并购组均值为 0.218，而配对组均值为 0.215，中位数差异也很小。并购组税收挡板和利息税盾的均值和中位数均大于配对组，目标企业税收挡板和利息税盾可能构成并购发生的一个动因。控制变量方面，并购组的企业规模均值小于配对组，说明目标企业规模与发生并购负相关。并购组的营收能力、企业价值的均值大于配对组。

4.3.2　变量相关性分析

在进行回归分析前，首先对各变量之间的两两对应关系进行相关性检验，采用 Stata15.1 统计软件中的 pwcorr 检验分析变量间的线性关系，检验结果如表 4 - 6 所示。

表 4 - 6　　　　　　　　　　　　　　变量相关系数

变量	Merge	Loss	FTP	BSU	ITS	Size	Profit	Value	State
Merge	1								
Loss	-0.132 ***	1							
FTP	-0.0140 *	0.098 ***	1						
BSU	0.045 *	-0.079 ***	0.006	1					
ITS	0.166 ***	-0.258 ***	0.003	0.206 ***	1				
Size	-0.083 ***	0.195 ***	0.055 **	0.066 ***	0.354 ***	1			
Profit	0.023	-0.061 ***	0.038	-0.075 ***	0.089 ***	0.020	1		
Value	0.054 **	-0.125 ***	-0.060 **	-0.027	-0.057 **	-0.196 ***	0.047 **	1	
State	0.108 ***	-0.092 ***	0.009	0.224 ***	0.302 ***	0.332 ***	0.039 *	0.054 **	1

注：***、**、*分别表示在 1%、5% 和 10% 的水平上显著。

表 4 - 6 是模型中所有解释变量的相关性分析。目标企业亏损弥补与税收优惠均与并购的发生显著负相关，即具有税收亏损的目标企业以及享受税收优惠的目标企业被并购的可能性大，与研究假设 1 和假设 2 一致。目标企业

税收挡板以及利息税盾均与发生并购之间存在显著的正相关关系，与研究假设3和假设4一致。控制变量方面，企业规模与发生并购存在显著的负相关关系，即规模越小的目标企业越可能被并购。营收能力与发生并购之间不存在显著的相关关系，而企业价值和产权属性均表现出显著的正相关关系，说明目标企业越有价值，或目标企业是民营企业，被并购的可能性更大。相关变量之间的相关系数均小于0.4，通常变量间相关系数小于0.5就表明各变量间的多重共线性较小，因此判断各个变量之间不存在多重共线性，可以进行下一步的Logit回归分析。

4.3.3 回归结果分析

本章采用逐步代入变量法进行Logit回归分析，将对因变量有影响的自变量逐步代入方程。Logit回归分析结果如表4-7所示。

表4-7   **Logit模型的估计结果**

变量	回归（1）	回归（2）	回归（3）	回归（4）
Loss	-0.728*** (0.137)	-0.565*** (0.112)	-0.825*** (0.152)	-0.922*** (0.154)
FTP		-0.163 (0.593)	-0.160 (0.591)	-0.172 (0.577)
BSU			0.258*** (0.056)	0.232*** (0.043)
ITS				0.305*** (0.055)
Size	-0.533*** (0.126)	-0.561*** (0.124)	-0.536*** (0.127)	-0.553*** (0.132)
Profit	0.0287 (0.0273)	0.0270 (0.0279)	0.0285 (0.0280)	0.0287 (0.0281)
Value	0.000732* (0.000390)	0.000717* (0.000392)	0.000733* (0.000389)	0.000692* (0.000389)
State	-0.339*** (0.115)	-0.342*** (0.115)	-0.321*** (0.116)	-0.318*** (0.117)

续表

变量	回归（1）	回归（2）	回归（3）	回归（4）
Constant	− 4.880 *** (1.214)	− 4.859 *** (1.203)	− 4.962 *** (1.210)	− 3.853 *** (1.225)
Year	控制	控制	控制	控制
Indus	控制	控制	控制	控制
Region	控制	控制	控制	控制
准 R^2	0.241	0.242	0.244	0.235
Correct Classified	70.12%	72.05%	73.02%	73.21%
Observations	1788	1788	1788	1788

注：***、**、*分别表示在1%、5%和10%的水平上显著，括号里为变量的标准差。

根据 Logit 回归结果，分别对解释变量和控制变量进行分析。

（1）亏损弥补。回归结果表明，被并购的目标企业的盈利状况与发生并购的概率负相关，即目标企业存在税收亏损，被并购的可能性更大，且在1%的水平上显著，回归结果与研究假设一致，假设1得到验证。这一研究结论与张妍（2009）和苏毓敏（2015）的研究结论一致。然而，本书的研究结论与奥尔巴奇和雷萨斯（1988）的研究结论并不一致，在他们的研究中，并未发现亏损弥补是影响并购动因的重要因素，这可能是与研究样本所处的时期有关。奥尔巴奇和雷萨斯（1988）的论文研究所使用的是 1968～1983 年美国上市公司的并购数据，在样本研究期之后美国进入了一个严重的经济萧条期，大量的企业开始出现亏损。为应对经济危机，美国财政部门推出资产加速折旧政策，此举会加大企业税前扣除金额，进而形成企业税收上的亏损，但这一情况并未被纳入研究期间。我国资本市场长期存在着一种特殊现象，即 ST 类上市公司的并购重组往往受到各路资金的追捧。ST 类上市公司的并购重组无论是交易的频率还是交易的规模都成为我国资本市场中不可忽视的重要因素，而本书并没有剔除 ST、PT 类的上市公司，这就为本书研究上市公司税收亏损对并购行为的影响提供了可能。

（2）税收优惠。税收优惠变量的系数为负，但在统计上并不显著，说明税收优惠对企业并购的刺激性作用不大。出现这一情况可能有两个原因：一是税收优惠度量难度大。企业所得税的税收优惠类型较为多样化，既有税基优惠也有税额优惠。前者包括了减计收入、免税收入、加计扣除、加速折旧、所得抵扣等，后者包括税额减免、税率优惠等，而企业可能享受到其中的一项或多项税收优惠，实际税率的测算结果与企业实际享受税收优惠后的实际税收负担之间存在差异。二是我国上市公司普遍享受税收优惠。上市公司的营收规模大，会计核算健全，多角化经营普遍。相比一般企业，上市公司享受税收优惠的程度更高，除了这些国家税收法律法规明确规定的税收优惠外，许多上市公司还能取得一些隐形的税收优惠，比如地方政府给予的税收返还，而这些隐形的税收优惠难以准确的度量。

（3）税收挡板。从回归结果来看，税收挡板变量回归系数符号为正，目标企业的税收挡板越大，被并购的概率越大，且这一变量通过了 1% 的系数显著性检验，说明我国上市公司存在为获取税收挡板而发生并购的动机。税收挡板效应主要是在应税资产收购或应税企业合并中更为显著。在这两种应税并购方式下，目标企业资产是按照重估后的公允价值作为并购方取得该资产的计税基础，并以此作为并购方资产折旧和摊销的基础。如果这些资产中包括了土地使用权、房屋建筑物、技术、商标、专利使用权等评估增值能力较大的资产，那将为并购方提供金额较大的税前扣除利益。

（4）利息税盾。从回归结果来看，利息税盾解释变量通过了 1% 的系数显著性检验，说明我国上市公司存在为获取利息税盾而实施并购的动机。利息税盾变量系数为正，说明目标企业利息税盾效果越强，被并购的概率越大。这一研究结论与施里夫斯和帕斯格利（Shrieves & Pasgley，1984）的研究结论一致，他们研究发现，企业并购后的财务杠杆率显著增加，说明企业并购可以导致企业负债能力的增加，而并购后的负债能力的提高也会进一步加大利息税盾的效果。

（5）控制变量。企业规模与企业并购的发生负相关，并且通过了变量的显著性检验，说明目标企业规模越小，并购成本越低，并购的成功性越大。企业价值也均通过了变量显著性检验，回归系数符号为正，说明企业价值与企业并购正相关，企业价值越大的目标企业，越容易成为收购方心仪的并购对象。此外，产权属性通过了变量显著性检验，回归系数为正，说明民营企业相较于国有企业发生并购的可能性更大。

由于二值模型不存在平方和分解公式，无法计算 R^2，但 Stata 仍会报告模型的准 R^2（Pseudo R^2）为 0.235，似然比检验统计量 LR 为 432.08，对应的 p 值为 0.000，因此整个方程的所有系数（除常数项外）的联合显著性很高，模型的正确预测比率（correctly classified）为 73.21%，模型的预测准确性较高。

4.3.4 稳健性检验

由于本书的研究对象是离散变量，ε_i 必然与 x_i 相关，导致估计不一致。另外，由于 $Var(\varepsilon_i) = Var(x_i'\beta)$，故扰动项 ε_i 的方差依赖于 x_i，存在异方差，线性概率模型无法对其进行准确预测，因此通过改变实证方法进行稳健性检验不具有可行性，因此本书通过替换解释变量的方式进行稳健性检验。

（1）亏损弥补。亏损弥补是根据税前利润进行确定的，因此采用目标企业并购前一年的利润总额作为判定目标企业是否存在亏损弥补的替代变量。如果并购前一年目标企业利润总额为零或为负，判定为目标企业存在亏损弥补，赋值为 0；如果并购前一年目标企业利润总额为正，判定为不存在亏损弥补，赋值为 1。

（2）税收优惠。本章采用实际税率作为判定企业是否享受税收优惠的替代变量，而实际税率的测算方法有很多种，正如前文已述，在稳健性检验中将采用另一种计算实际税率的方法，将会计口径的所得税费用还原为应纳所得税后再除以息税前利润，作为计算实际税率的指标。计算公式为：实际税率 =（并购前一年所得税费用 + 递延所得税资产增加 - 递延所得税负债增加）/ 息税前利润。

（3）税收挡板。税收挡板是通过资产折旧的扣除发挥效果的，目标企业资产折旧越大，潜在的税收挡板可能越大。以目标企业资产折旧的变动率作为税收挡板的替代变量，即目标企业并购当年折旧减去并购上一年折旧的差额除以目标企业并购上一年折旧。

（4）利息税盾。负债权益比作为企业资本结构的指标可以显示企业财务杠杆的利用程度，为了防止负债权益比与资产负债率之间的高度相关性，在计算该指标时，我们选取企业长期负债（即非流动负债）而非全部负债。计算方法为目标企业并购前一年非流动负债的账面价值除以股东权益的账面价值。

稳健性检验所使用的替换变量见表 4 - 8。

表 4 - 8   稳健性检验变量替换表

变量类型	变量名称及符号	内涵界定及计量方式
解释变量	亏损弥补（Loss）	二元逻辑变量，并购前一年目标企业的利润总额，小于 0 取值 0，大于 0 取值 1
	税收优惠（FTP）	（并购前一年目标企业所得税费用 + 递延所得税资产增加 - 递延所得税负债增加）/并购前一年目标企业息税前利润
	税收挡板（BSU）	（并购当年度目标企业折旧 - 并购前一年目标企业折旧）/并购前一年目标企业折旧
	利息税盾（ITS）	并购前一年目标企业非流动负债账面价值/并购前一年目标企业股东权益的账面价值

在进行稳健性检验前，对替换后的解释变量之间的两两对应关系进行相关性检验，见表 4 - 9。

表 4 - 9   替代变量相关系数表

变量	Merge	Loss	FTP	BSU	ITS	Size	Profit	Value	State
Merge	1								
Loss	- 0. 145 ***	1							
FTP	- 0. 005 **	0. 404 **	1						
BSU	0. 137 **	- 0. 084 ***	- 0. 015	1					
ITS	0. 016 ***	0. 324 ***	0. 332 ***	0. 001	1				
Size	- 0. 107 ***	0. 078	0. 071 **	0. 058 **	0. 068	1			
Profit	0. 035	- 0. 019	0. 041 *	- 0. 077 ***	0. 012	0. 026	1		
Value	0. 071 ***	- 0. 154 ***	- 0. 062 ***	- 0. 043 *	0. 020	- 0. 167 ***	0. 048 **	1	
State	0. 115 ***	- 0. 103 ***	0. 005	- 0. 198 ***	- 0. 029	- 0. 324 ***	- 0. 028	- 0. 006	1

注： *** 、 ** 、 * 分别表示在 1% 、5% 和 10% 的水平上显著。

表 4 - 9 为替换了解释变量后所有变量的相关性分析。目标企业亏损弥补和税收优惠与并购发生显著负相关，而目标企业的税收挡板和利息税盾与并购发生显著正相关，均与研究假设一致。相关变量间的相关系数均小于 0. 4 的，表明各变量间的多重共线性较小，可以进行下一步的 Logit 回归分析。

Logit 回归分析结果见表 4 - 10。

表 4 – 10　　　　　　　　　　　　稳健性检验回归结果

变量	回归 (1)	回归 (2)	回归 (3)	回归 (4)
Loss	– 0.731 *** (0.137)	– 0.501 *** (0.111)	– 0.883 *** (0.143)	– 0.972 *** (0.156)
FTP		– 0.233 (0.593)	– 0.192 (0.614)	– 0.180 (0.636)
BSU			0.294 *** (0.041)	0.237 *** (0.045)
ITS				0.234 *** (0.037)
Size	– 0.542 *** (0.125)	– 0.541 *** (0.126)	– 0.544 *** (0.123)	– 0.540 *** (0.126)
Profit	0.0253 (0.0201)	0.0222 (0.0239)	0.0233 (0.0252)	0.0276 (0.0255)
Value	0.000698 * (0.000301)	0.000708 * (0.000326)	0.000728 * (0.000347)	0.000697 * (0.000348)
State	– 0.359 *** (0.112)	– 0.352 *** (0.115)	– 0.330 *** (0.116)	– 0.358 *** (0.113)
Constant	– 4.896 *** (1.249)	– 4.788 *** (1.261)	– 4.934 *** (1.266)	– 4.892 *** (1.267)
Year	控制	控制	控制	控制
Indus	控制	控制	控制	控制
Region	控制	控制	控制	控制
准 R^2	0.267	0.299	0.207	0.214
Correct Classified	69.88%	70.11%	70.23%	70.87%
Observations	1788	1788	1788	1788

注：***、**、* 分别表示在 1%、5% 和 10% 的水平上显著，括号里为变量的标准差。

　　稳健性检验的回归分析的结果表明，通过将目标企业亏损弥补的衡量标准由目标企业未分配利润替换为利润总额，将目标企业税收优惠中计算实际税率的方法进行调整，将目标企业税收挡板根据其折旧变动率进行替换，以及将目标企业利息税盾按负债权益比进行替换后，回归结果与此前的结果基本一致。其中亏损弥补、税收挡板、利息税盾三个税收变量均通过了系数显著性检验，且回归系数符号与原回归结果一致，而税收优惠依然不显著。此外，控制变量中企业规模、企业价值与产权属性均显著，且系数符号与原回归结果方向一致，这说明整个 Logit 回归的结果是稳健的。另外，模型的准 R^2 为 0.214，似然比检验统计量 LR 为 423.69，对应的 p 值为 0.000，因此整个方程的所有系数（除常数项外）的联合显著性很高。而模型的正确预测比率为 70.87%，说明模型的预测准确性较高。

4.4　研究结论

本章对税收是否构成企业并购的动因进行实证检验，具体以 2009 年 1 月 1 日至 2018 年 12 月 31 日期间成功完成并购交易的上市公司作为研究对象，运用 Logit 模型对可能构成企业并购动因的税收因素和非税收因素进行实证检验。实证研究结果表明，我国上市公司并购行为中存在着一定的税收动因，即税收因素构成我国上市公司并购的一项动因，具体表现在利用目标企业的亏损弥补、税收挡板和利息税盾。

第一，存在亏损弥补特征的目标企业被并购的概率更大。与非对称性所得税税制引发并购激励这一学说的观点一致，我国企业所得税对亏损弥补采用后转定期弥补的方式，非对称性较强。在适用免税并购的企业合并中，被合并企业的亏损可由合并企业按规定用以后年度实现的与被合并企业净资产相关的所得弥补，这就使得并购方可以通过并购亏损的目标企业以抵减应纳税所得额达到节税效果。Logit 回归分析结果也验证了这一假设，目标企业税收亏损与发生并购存在显著的相关关系，目标企业存在税收亏损会加大被并购的概率。这一研究结论表明，获取税收亏损弥补权利是上市公司并购亏损企业的一项动因，在企业并购税收制度的设计上，应对亏损弥补进行有效调控，特别是做出适当的限制，防止上市公司的盲目性收购扰乱市场经济秩序。

第二，没有充分证据表明存在税收优惠的目标企业更可能被并购。通常来说，企业并购可以使企业享受到在正常经营状态下无法享受的税收优惠待遇，特别是当目标企业已享受税收优惠，或通过并购使并购方符合享受税收优惠的条件时，税收优惠将会为并购双方带来税收协同效应。然而，Logit 回归结果表明目标企业税收优惠并不是一个显著驱动我国上市公司发生并购的动因。产生这一结果的根源是税收优惠在我国上市公司中的普惠程度较高，与税收协同效应理论中并购主体间税收待遇差异性大的假设并不一致，并购方已享受税收优惠，因此具有税收优惠的目标企业对并购方的吸引力不大。这一研究结论表明，我国现行税收优惠政策存在着"泛化"现象，特别是部分地方政府为争取税源而通过给予税收优惠体现地域优势，不利于有序健康的市场竞争环境的建立，需要进一步清理和规范。

第三，存在税收挡板的目标企业被并购的概率更大。Logit 回归结果表明，税收挡板也是刺激我国上市公司并购的一个显著因素，目标企业税收挡板越大，越有可能成为被并购的对象。这一实证研究结论与资产税基的并购激励理论一致。通过企业并购可以改变以历史成本计量的资产的计税价值，目标企业的税收挡板通过应税并购使资产计税基础增加从而给并购方带来更多的可税前扣除的折旧，实现抵减应纳税所得额的作用，为并购方带来节税效果。这一研究结论表明，税收挡板驱动着上市公司并购增值潜力较大的资产或企业，如果转让方或目标企业税负较低，则只需要负担较少的税收即可使并购方获得较多的税前扣除利益。因此在企业并购税收制度的设计中应对并购后资产计税基础的确认方法进行必要的规范与约束，防止资产计税基础确认的随意性。

第四，存在利息税盾的目标企业被并购的概率更大。与税收挡板的节税效应类似，利息税盾也是通过加大并购方可税前扣除的费用而为并购方带来节税效果的。由于考察的是目标企业税务特征对并购发生的影响，因此不对并购方通过债务融资作为并购对价所产生的利息税盾效果进行检验，只将研究重点放在目标企业已经存在的生息债务上。Logit 回归结果表明，目标企业存量生息债务规模越大，可扣除利息越多，则被并购的可能性越大。这一研究结论表明，利息税盾的抵税作用促使上市公司发起承债式收购，如果交易对方为上市公司的关联方，则可能造成通过加大债权性融资而减少权益性融资比例的方式增加税前扣除，出现降低企业税负的"资本弱化"现象，有必要对此进行反避税处理。

此外，非税收变量也会对企业并购产生一定的影响。回归结果发现，目标企业的规模与被并购呈负相关关系，目标企业规模越小，并购成本可能越低，并购难度越小。目标企业的价值与发生并购正相关，说明并购方在资本市场上主要寻觅规模较小但企业价值较大的企业作为并购目标。企业产权属性也影响并购发生可能性，民营企业相较于国有企业更容易成为被并购的目标。

以上实证分析结论表明，目标企业的税收属性是驱动企业并购发生的一项重要因素。从政府的角度说，应对这些可能影响企业并购的税收属性加以识别和判断，对于有助于推动经济社会有序发展的方面加以鼓励与促进，而对于仅仅有利于企业实现避税目的方面应加以调整和限制。

第5章 税收影响企业并购方式的实证分析

通过对税收影响企业并购的作用机制的分析可以发现，税收不仅是可能构成企业发生并购的一项重要动因，同时还会影响企业并购的方式。本章着重分析这一影响机制的实现过程，通过设定衡量企业实际税负的解释变量，研究并购方税负水平与并购方式选择间的关系问题，同时还对目标企业税收特征因素加以考虑，全面反映税收对并购双方决策过程的影响。

5.1 问题的提出与研究假设

5.1.1 问题的提出

税收对企业并购方式的影响是通过影响企业融资方式间接实现的。自MM 理论提出后，又陆续产生多项探讨税收对企业资本结构影响机制的理论和假说。其中，比较有代表性的是迪安杰洛和马苏利斯（DeAngelo & Masu-lis，1980）提出的税收穷尽假说。所谓税收穷尽是指企业所处的一种临界的税收状态，一旦突破这个状态，每一单位税前扣除的增加无法再为企业带来应纳税款的减少。企业是否处于税收穷尽状态直接影响企业的融资决策，当企业接近于税收穷尽时，将会较少采用债务融资方式，股权融资的替代效应会增加（Mackie-Mason，1990）。这一假说为研究税收对企业并购方式的影响提供了一个新的视角，因为税收对并购方式影响的一个作用机制是通过对并购方并购对价方式的选择而产生的，而并购对价方式涉及到融资问题，进而将税收对并购方式的影响具体到税收对企业融资方式的影响。学者们发现，企业的债务融资与其有效税率正相关，当有效税率上升时，债务融资发生增量上升（Givoly et al，1992），而当企业发生亏损导致其接近税收穷尽状态时，则更倾向于通过股票融资而非银行借贷（Scholes，Wilson & Wolfson，1990）。既然税收对企业的融资决策产生影响，那么也就会影响到企业并购对价的融资决策，而企业并购对价的方式又会影响并购交易适用的税收待遇，即应税并购或免税并购，这就为我们研究税收影响企业并购方式提供了理论支撑。

然而，从研究结果上看，税收是否构成影响企业并购方式的重要因素还存在争议。一种观点认为，税收对企业并购方式的选择具有重要影响。支持这一观点的研究基本围绕目标企业税务特征、目标企业股东与并购方的税收博弈两个方面展开。从目标企业财务特征进行分析，如果目标企业非流动资产有评估增值潜力，通过应税并购将使这一增值被税法"认可"，从而可以为并购方提供更多的资产税基以获取税前扣除的利益，即"税收挡板"。有些情况下，并购方甚至会以提高并购对价诱使目标企业的股东接受现金支付方式，从而使得被并购方在股利支付水平较低的情况下，通过获得更多的资产税基而产生节税利益。相反，当目标企业有税收亏损却缺少足够的应税所得予以弥补时，通过免税并购实现目标企业税收亏损转移给并购方使用可以产生更大的税收协同效应（Robert S. Harris et al，1983）。从目标企业股东与并购方各自的税收特征进行分析，采用以股票支付为主要方式的并购可以适用免税并购待遇，从而使目标企业股东得到税收的延迟确认甚至进行税种的替代，这对于目标企业股东来说是一项有利税收因素；而采用现金支付为主要方式的并购只能适用应税并购的税收待遇，目标企业股东必然会因应税并购的规定而立即支付资本利得税，降低了目标企业股东的并购收益，却为并购方提供了增加资产税基的机会，为其扩大折旧实现减少纳税提供了可能，因此应税并购可能对并购方而言是一项有利税收因素（Eckbo，1983）。另一种观点则认为税收因素对企业并购方式的影响很小，主要因为企业并购方式的确定是多种复杂因素共同作用的结果，税收只是其中的一个而非决定性因素。即便目标企业股东倾向于选择股票支付以延迟纳税，但可能由于不同股东个人利益的考虑不完全一致，有些股东厌恶其投资组合中包括并购方的股票，那么这种税收上看似合理的选择并不会被采纳（Harris，Franks & Mayer，1987）。

税收是否会对我国上市公司的并购方式的选择产生影响，哪些税收因素会导致上市公司更倾向于选择应税并购或免税并购，对这一问题的回答需要结合并购方、目标企业、转让方三方的财务和税务特征加以分析判断，本章通过构建一个多主体参与的 Logit 模型，研究我国上市公司并购方式的选择是否受到税收因素的影响，并对这些因素的影响机制加以分析。

5.1.2 研究假设

通过债务融资是有利的，因为债务所产生的利息可以继续为企业带来税前扣除的利益；而当并购方达到税收穷尽状态时，选择债务融资不会再为企业带来税收上的利益。可见，债务融资所伴随产生的税盾效应对于高税率但未达到税收穷尽状态的并购方而言最有价值（Graham，1980）。根据这一理论，并购方在未达到税收穷尽状态前应尽量采用债务融资作为并购对价，而对应债务融资对价的并购方式即应税并购。由此可将上述问题归纳为，并购方税负越高（越接近税收穷尽状态），越希望获取利息税盾效应，那么就越有可能以举债方式进行并购，从而应税并购发生的概率就越大。据此，提出研究假设1：并购方税负越高，发生应税并购的概率越大。

我国企业所得税对亏损弥补采用向后结转弥补，即企业当前的税收亏损需要用未来的应税所得进行弥补，而弥补期限只有 5 年，这就造成了所得税的非对称性较强，如无法在规定期限内弥补完亏损就会造成亏损的作废。企业并购中的目标企业如果存在税收亏损但因未来盈利能力下降而无法及时使用，就会造成对亏损弥补权利的"浪费"。因此，通过企业并购将目标企业亏损合法地转移给并购方弥补可以带来税收上的协同。然而目标企业的税收亏损只有在免税合并的方式下才可以按照税法规定的限额结转至并购方，且在不超过目标企业亏损弥补剩余期限内继续弥补，而在应税合并下，目标企业需要进行注销清算，并办理所得税清算，其未弥补完的亏损不得由并购方结转弥补。因此，目标企业亏损结转弥补只有在免税并购下产生效果，对于并购方来说，如果自身税负较高且目标企业有较大的税收亏损可供使用，则并购方倾向于采用免税并购方式。据此，提出研究假设2：目标企业可结转弥补的亏损越大，发生免税并购的概率越大。

资产计税基础的变化是通过资产的销售得以实现的，当资产因加速折旧等方法造成其账面价值远低于市场价值时，通过资产的销售可以实现资产计税基础的放大，起到"资产搅拌"的效果。而计税基础是计算税法认可的折旧摊销的基础，计税基础的放大就会带来税前扣除的增加，实现税收挡板效应。这一作用机制的发挥需要借助应税并购方式才能得以实现，因为只有在应税并购下目标企业需要确认资产转让所得,这样并购方才能够获得按照市场价格重估的资产作为其计税基础。目标企业资产增值幅度越大,税收挡板作用越强,并购方就越有动机通过应税并购获取这一税收利益。据此,提出研究假设 3:目标企业可利用的税收挡板越大,发生应税并购的概率越大。

5.2　实证研究设计

5.2.1　样本选取

5.2.1.1　样本选取标准

与税收构成企业并购动因的研究有所不同,企业并购方式的选择不完全取决于对目标企业税收属性的考虑,而是并购方与转让方在基于自身税负情况并结合目标企业税务特征进行博弈的结果。并购方在综合考虑其税负高低和其他因素的情况下决定并购对价的支付方式,进而影响并购方式的最终确定。目标企业的税务特征在一定程度上影响并购方的支付决策,如果目标企业拥有大量可评估增值资产,且并购方税负较高,此时选择应税并购对并购方有利;如果目标企业有未弥补完的亏损,而并购方税负较高,此时选择免税并购对并购方更为有利。并购方所获取的税收利益可能是以"牺牲"转让方利益而换取的,因为如果并购方想通过资产税基重估而获得更大的税收挡板,那么转让方就需要按照应税并购的一般性税务处理原则当期纳税,除非转让方自身可抵销并购所得带来的即期税负。可见,研究税收对企业并购方式影响的理想状态是对并购方、目标企业和转让方三方共同作为研究对象。受制于样本数据的可采集性,我们目前需要以上市公司作为研究对象,如果对并购中的三方同时开展研究,那就意味着并购方、目标企业和转让方必须同时为上市公司,而这种情况在现实中较少发生。特别是当转让方并非由单一方构成,而是由企业、自然人、合伙企业等法人和非法人共同构成时,将为转让方税务特征的判定造成极大的困难。因此,本章将研究对象限定在并购方和目标企业两方为上市公司的情况。

本章以 2009 ~ 2018 年 A 股市场全部上市公司作为研究对象,数据主要来源于国泰安数据库(CSMAR)中的"中国上市公司并购重组研究数据库

（GTA_MA）"以及"中国上市公司财务报表数据库（GTA_FS）"，同时还结合巨潮资讯网发布的上市公司并购重组公告信息手工搜集研究所需数据。为了保证并购样本分类的准确性，我们进一步将并购样本限定在达到证监会"重大资产重组标准"的范围，这样可以保证资产或股权收购比例达到并购标的的 50% 及以上，使其符合税法中关于企业重组的定义，并同时使样本具备满足免税并购条件中的收购比例要件。在此基础上，以并购对价的支付方式作为区分应税并购和免税并购的标准，将 100% 的股票支付作为免税并购，对税收待遇交叠的混合支付的并购样本进行剔除，将剩余的样本作为应税并购。在具体选取样本时，还综合考虑以下因素：

（1）考虑到金融企业财务特征与税务特征显著不同于其他行业，且金融行业存在资本管制，因此剔除了行业类型为金融业的上市公司。

（2）鉴于资产剥离、资产置换、债务重组不属于本书研究的并购范畴，剔除了并购重组数据库中这三种类型的相关数据。

（3）剔除目前已经退市，变量数据不全以及数据存在明显错误的上市公司。

（4）为了防止异常值对研究结果的影响，对连续变量进行缩尾 1% 处理。

根据上述条件，共获得 397 个样本，其中应税并购 275 起，占全部并购样本总数的 69.27%，免税并购 122 起，占全部并购样本总数的 30.73%。导致我国上市公司偏爱以现金支付方式进行应税并购的原因是多方面的，既有制度层面对非公开发行股票的限制，也有技术层面对股票估值的缺陷，还有税制层面对免税并购适格要件的要求。

5.2.1.2　样本的总体情况

按照中国证监会 2012 年发布的《上市公司行业分类指引》，对样本按照行业大类进行整理，其中，由于行业代码 M 以后的行业较为零散且体量较小，按通常做法将其全部并入 M 中，并作为综合类处理。样本的行业分布情况如表 5-1。

表 5-1　　　　　　　　　　　并购样本的行业分布　　　　　　　　　单位：起

行业	应税并购	免税并购	合计
A 农、林、牧、渔业	5	1	6
B 采矿业	5	4	9

续表

行业	应税并购	免税并购	合计
C 制造业	156	79	235
D 电力、热力、燃气及水生产和供应业	4	4	8
E 建筑业	6	4	10
F 批发和零售业	24	12	36
G 交通运输、仓储和邮政业	8	1	9
H 住宿和餐饮业	1	1	2
I 信息传输、软件和信息技术服务业	28	5	33
K 房地产业	11	5	16
L 租赁和商务服务业	4	1	5
M 综合类	23	5	28
合计	275	122	397

从表 5 - 1 中可以看出，2009 ~ 2018 年并购方和目标企业同时为上市公司的样本涉及除金融、保险以外的 12 个行业大类。并购样本比较集中的三大行业分别是制造业、批发和零售业以及信息传输、软件和信息技术服务业，分别占并购样本总数的 59.19%、9.07%、8.31%。制造业以绝对的优势继续列为并购数量之首，这与第 4 章关于目标企业为上市公司的样本行业分布情况一致，体现出制造业并购的活跃度和竞争性，制造业内部不断通过并购重组提升自身整体实力。并购样本数量最少的三个行业分别为住宿和餐饮业、租赁和商务服务业以及农、林、牧、渔业，分别占并购样本总数的 0.50%、1.26%、1.51%。样本行业分布的不均衡性需要在研究中对行业变量进行控制。

表 5 - 2 显示了并购样本的年度数量分布情况。从总体趋势上看，年度并购总数量逐年上升，2018 年和 2009 年相比，10 年间增长了 5.4 倍，充分反映出我国资本市场特别是并购重组市场取得了长足的进步，并购交易的活跃度大大增强。从年度间的并购数量上看，出现明显拐点的是 2014 年，相比于 2013 年并购数量增长了 78.13%。正如前文所述，2014 年国家出台了关于进一步支持并购重组市场的相关政策，特别要求金融、财税领域为并购重组放宽环境，以发挥并购重组对企业和经济的促进作用。在此背景下，2014 年免税并购的数量有了较大增长，相比于 2013 年增长了四成，这主要得益于我国将适用免税并购的条件进一步放宽，新政策施行后适用免税并购的收购标准

下降了 1/3，即允许股权或资产收购比例只要达到 50% 及以上即满足免税并购中收购比例的要求，而此前这一标准为 75%。可见税收政策的放宽对激励企业并购起到了良好的效果，而样本随年度的不同分布需要对年度变量进行控制。

表 5 -2	并购样本的年度分布		单位：起
年份	应税并购	免税并购	合计
2009	6	4	10
2010	7	5	12
2011	9	3	12
2012	10	10	20
2013	20	12	32
2014	40	17	57
2015	45	17	62
2016	56	12	68
2017	42	18	60
2018	40	24	64
合计	275	122	397

表 5 -3 根据并购方所在地区对样本进行了地区数量分布统计，其中，东部地区并购企业数量最多，共计 234 起，占全部并购样本总数的 58.94%。其次是中部地区 90 起，占全部并购样本总数的 22.67%。西部地区并购数量最少，仅为 73 起，占全部并购样本总数的 18.39%。并购方样本的地区分布特征基本体现了我国区域经济发展特点和上市公司地域分布特点，并购样本随区域分布变化的特点需要在研究中对地区变量进行控制。

表 5 -3	并购样本的地区分布		单位：起
地区	应税并购	免税并购	合计
东部	165	69	234
中部	58	32	90
西部	52	21	73
合计	275	122	397

5.2.2 变量选取

5.2.2.1 被解释变量

按照企业并购税收待遇的不同，将企业并购分为应税并购和免税并购两种方式。被解释变量是企业并购方式，记为 *Type*，被解释变量属于决策型二值变量，当适用免税并购时，取值为 0；当适用应税并购时，取值为 1。在进行取值时，根据并购企业支付对价的方式进行判定，如并购对价类型为股票支付，则作为免税并购，取值为 0；如并购对价类型为非股票支付，包括现金、应收账款、固定资产、承担债务等，作为应税并购，取值为 1。

5.2.2.2 解释变量

（1）并购方实际税率。借鉴吉弗里等（Givoly et al, 1992）的做法，用企业的实际税率确定并购方的税负情况，实际税率的确定方法有多种，本章延续第 4 章确定实际税率的方法，按照并购前一年并购方所得税费用与息税前利润的比值确定，如果实际税率小于 0，则取 0 值。预测该变量的回归系数符号为"＋"，并购方实际税率越高，越有可能发生应税并购。

（2）目标企业税收亏损。目标企业税收亏损的金额并不属于上市公司公开披露的数据，只能根据目标企业并购前一年的会计利润进行替代。在具体确定税收亏损金额时，借鉴埃里克森（1998）的做法，当目标企业并购前一年利润总额为正，目标企业亏损记为 0；当目标企业并购前一年利润总额为负，则对其取绝对值后乘以企业所得税法定税率再除以目标企业的股票市值。预测该变量的回归系数符号为"－"，目标企业税收亏损越大，越有可能发生免税并购。

（3）目标企业税收挡板。税收挡板是来自目标企业资产评估增值所带来的折旧抵税的效果，根据税收挡板的含义，假设所有交易标的都属于可折旧资产，以交易标的的评估价值减去其账面价值的差额乘以企业所得税法定税率、再除以交易标的的评估价值，以此作为衡量税收挡板大小的指标。该变量需要通过手工搜集上市公司公开披露的并购公告，并根据资产评估结果计算得出。预测该变量的回归系数符号为"＋"，目标企业税收挡板越大，越有可能发生应税并购。

5.2.2.3　控制变量

（1）资本结构。资本结构是企业各项资金来源所占的比重，资本结构影响企业的生产经营和企业价值。根据权衡理论（Miller, 1977），当企业增加债务所产生的税盾收益大于边际破产成本时，企业价值会增加，但一旦接近或突破这一临界值，企业债务融资规模继续扩大只会减少企业价值。因此，当并购方资本结构中的债务规模较大时，基于保证企业价值不受增量债务影响，保证企业的债务安全性，股权融资比重提高的概率增加。衡量企业资本结构一般采用债务权益比，即目标企业并购前一年非流动负债的账面价值除以股东权益的账面价值。预测该变量系数符号为 " − "，债务权益比越大，企业越有可能发行股票作为并购对价支付方式，发生免税并购概率越大。

（2）企业规模。信号理论认为，企业的负债水平与盈利能力相关，而企业规模的大小影响其举债能力。企业规模越大，越有能力通过多元化经营分散风险，其举债融资的能力越强（Rajan, 1995）。企业规模按照并购方并购前一年总资产的自然对数确定，预测该变量系数符号为 " + "。并购方规模越大，通过债务融资作为并购对价支付方式的可能性越大，应税并购发生的概率越大。

（3）成长性。根据梅耶斯（1977）所提出的"债务融资对于企业价值受成长推动作用较大的企业而言缺乏吸引力"的论述，成长性越好的企业，其在资本市场上的融资能力越强，越倾向于发行股票进行并购。在衡量企业成长性指标时，采用并购方股票总市值与股票账面价值之比确定（Erickson, 1998），预测该变量系数符号为 " − "，即企业的成长性越强，发生免税并购的概率越大。

（4）管理层持股比例。根据控制权稀释效应理论（Amihud, Lev & Travlos, 1990），为了防止股权分散对自身利益的影响，往往管理层持股比例越集中，越会反对企业的新股发行。也就是说，管理层持股比例越高，以发行股票方式作为并购对价越会受到管理层的阻止，导致应税并购的概率提高。以并购前一年并购方高管持股总数除以企业总股数计算管理层持股比例，预测该变量符号为 " + "，即管理层持股比例越大，越有可能进行应税并购。

除上述变量外，本章还加入了年度虚拟变量（记为 *Year*）、行业虚拟变量（记为 *Indus*）和地区虚拟变量（记为 *Region*）以消除年度、行业、地区间的差异对回归结果的影响。具体变量详见表 5 − 4。

表 5 – 4   变量及计量方法

变量类型	变量名称	内涵界定及计量方式	预测符号
被解释变量	并购方式（Type）	二元逻辑变量，免税并购取值0，应税并购取值1	
解释变量	并购方实际税率（AcqETR）	并购前一年并购方所得税费用除以息税前利润	+
	目标企业税收亏损（TarNOL）	当目标企业并购前一年利润总额为正时，亏损记为0；当目标企业并购前一年利润总额为负时，对其取绝对值后乘以企业所得税法定税率再除以目标企业股票市值	−
	目标企业税收挡板（TarBSU）	交易标的的评估价值减去账面价值的差额乘以企业所得税法定税率再除以交易标的的评估价值	+
控制变量	资本结构（Struc）	目标企业并购前一年非流动负债的账面价值除以股东权益的账面价值	−
	企业规模（Size）	并购前一年并购方总资产的自然对数	+
	成长性（Growth）	并购前一年并购方股权市场价值除以股权的账面价值	−
	管理层持股比例（Share）	并购前一年并购方高管持股总数除以企业总股数	+
	年度虚拟变量（Year）	并购完成日的所属年度	?
	行业虚拟变量（Indus）	并购企业所属行业	?
	地区虚拟变量（Region）	目标企业的所属地区	?

5.2.3 模型的建立

借鉴埃里克森（1998）的实证研究方法，构建二元 Logit 模型，研究并购方的实际税率、目标企业的税收亏损以及目标企业的税收挡板是否是影响企业并购方式的选择。同时，还引入资本结构、企业规模、成长性、管理层持股比例 4 个非税收变量，并对年度、行业和地区进行控制。具体实证回归模型如下：

$$Type_{i,t} = \beta_0 + \beta_1 AcqETR_{i,t} + \beta_2 TarNOL_{i,t} + \beta_3 TarBSU_{i,t}$$
$$+ \beta_4 Struc_{i,t} + \beta_5 Size_{i,t} + \beta_6 Growth_{i,t} + \beta_7 Share_{i,t}$$
$$+ \sum_{k=8}^{16} \beta_k Year + \sum_{l=17}^{27} \beta_l Indus + \sum_{m=28}^{29} \beta_m Region + \mu_{i,t}$$

5.3　实证检验与分析

5.3.1　样本的描述性统计

运用统计软件 Stata15.1，对所有解释变量进行统计描述分析，结果见表 5 - 5。

表 5 - 5　　　　　　　　　　　解释变量的描述性统计

变量名称	应税并购				免税并购			
	样本数（个）	均值	标准差	中位数	样本数（个）	均值	标准差	中位数
AcqETR	275	0.221	0.304	0.202	122	0.203	0.275	0.198
TarNOL	275	0.066	0.238	0.000	122	0.103	0.251	0.000
TarBSU	275	0.124	0.063	0.128	122	0.118	0.089	0.115
Struc	275	0.304	0.198	0.292	122	0.368	0.229	0.364
Size	275	9.374	0.433	9.117	122	9.262	0.515	9.193
Growth	275	5.447	3.601	4.057	122	6.985	3.557	5.456
Share	275	0.053	0.124	0.000	122	0.051	0.118	0.000

表 5 - 5 中对应税并购和免税并购的各变量分别进行了描述性统计分析，从中可以发现，应税并购下并购方实际税率的均值 0.221 和中位数 0.202 略大于免税并购下并购方实际税率的均值 0.203 和中位数 0.198，说明并购方实际税率越高，越可能倾向于选择应税并购以获得税收挡板的节税效应。目标企业税收亏损在两种类型的并购下差异明显，免税并购下的均值为 0.103，应税并购下的均值为 0.066，目标企业税收亏损越大，发生免税并购的可能性越大。目标企业的税收挡板的均值和中位数在两种类型并购下差异不大。

控制变量方面，应税并购下并购方资本结构的均值和中位数小于免税并购下的数值，可能说明并购方债务权益比越大，免税并购发生的概率越大。企业规模的情况与资本结构相反，并购方企业规模越大，越有可能进行应税并购。差别较大的是成长性，免税并购下企业成长性均值为 6.985，明显大于应税并购下的均值 5.447，说明并购方成长性越好，越有可能通过股票融资进行并购对价的支付,从而免税并购发生的概率越大。管理层持股比例在两组并购样本中差异不明显。

5.3.2 变量相关性分析

在进行回归分析前,对各变量之间的两两对应关系进行相关性检验,采用 pwcorr 检验分析变量间的线性关系,检验结果如表 5 - 6 所示。

表 5 - 6 变量相关系数表

变量	*Type*	*AcqETR*	*TarNOL*	*TarBSU*	*Struc*	*Size*	*Growth*	*Share*
Type	1							
AcqETR	0. 079 ***	1						
TarNOL	− 0. 040 **	0. 077	1					
TarBSU	0. 057 ***	0. 333	0. 004	1				
Struc	− 0. 140 *	− 0. 104 *	0. 039 **	− 0. 100	1			
Size	0. 088 *	0. 031	− 0. 073	0. 030 **	− 0. 239 ***	1		
Growth	− 0. 023 ***	− 0. 184 **	0. 089 *	− 0. 103	0. 302	− 0. 232 ***	1	
Share	0. 009	0. 118 **	− 0. 017	0. 043 **	− 0. 026	0. 012 *	− 0. 035 ***	1

注:***、**、* 分别表示在 1%、5% 和 10% 的水平上显著。

表 5 - 6 是模型中所有解释变量的相关性分析。并购方实际税率与应税并购显著正相关,与研究假设 1 一致。目标企业税收亏损与应税并购显著负相关,而与并购方实际税率的相关性并不显著,这与研究假设 2 一致。目标企业税收挡板与应税并购显著正相关,与研究假设 3 一致,但与并购方实际税率和目标企业税收亏损的相关性不显著。资本结构、企业规模、成长性三个变量都显著相关,管理层持股比例与应税并购没有明显的相关性。相关变量之间的相关系数都小于 0.3,变量之间存在多重共线性的可能性较低,可以进行下一步的 Logit 回归分析。

5.3.3 回归结果分析

本章采用逐步代入法进行 Logit 回归分析,依次对影响并购方式的税收变量进行代入。Logit 回归分析结果如表 5 - 7 所示。

表 5-7   **Logit 模型的估计结果**

变量	回归 (1)	回归 (2)	回归 (3)
AcqETR	0.141 *** (0.027)	0.135 *** (0.023)	0.133 *** (0.025)
TarNOL		-0.549 * (0.302)	-0.538 * (0.303)
TarBSU			0.333 *** (0.078)
Struc	-0.906 (0.691)	-0.986 (0.702)	-0.895 (0.699)
Size	0.535 * (0.301)	0.523 * (0.301)	0.534 * (0.302)
Growth	-0.0438 * (0.0266)	-0.0468 * (0.0282)	-0.0454 * (0.0275)
Share	0.0975 (0.694)	0.0945 (0.702)	0.102 (0.697)
Constant	-4.880 *** (1.214)	-4.962 *** (1.210)	5.715 *** (1.028)
Year	控制	控制	控制
Indus	控制	控制	控制
Region	控制	控制	控制
准 R^2	0.205	0.211	0.213
Correct Classified	73.3%	71.1%	70.2%
Observations	397	397	397

注：***、**、* 分别表示在 1%、5% 和 10% 的水平上显著，括号里为变量的标准差。

根据 Logit 回归的结果，分别对解释变量和控制变量进行分析。

（1）并购方实际税率。Logit 回归结果表明，并购方实际税率与应税并购发生概率正相关，即并购方实际税率越高，选择应税并购的概率越大，且在 1% 水平上显著，回归结果与研究假设一致，假设 1 得到验证。同时，这一结论与埃里克森（1998）的研究结论一致，说明我国上市公司并购中存在通过应税并购获取税收利益的现象。然而，对于非线性模型而言，边际效应本身不是常数，它随着解释变量而变，因此 Logit 的回归系数的估计值不能评价边际效应。为了便于解释回归结果，需要转化为比值比（Odd Ratio），以此表示解释变量每增加 1 个单位引起的比值比的变化倍数。比值比的计算方法为 $\exp(\hat{\beta}) = e^{\hat{\beta}}$。根据比值比的计算公式，由表 5 – 7 中的回归系数（3）可以计算得出并购方实际税率的比值比为 1.142，这意味着在保持其他变量不变的情况下，并购方实际税率每增加 1 个单位，并购方选择应税并购的概率会增加 14.2%。

（2）目标企业税收亏损。目标企业税收亏损回归系数符号为"–"，说明越是存在税收亏损的目标企业，发生免税并购的可能性越大，但这一变量只在 10% 的水平上显著，显著性较低可能有以下三个原因：一是对亏损弥补节税效应的高估。为防止通过企业并购滥用税收亏损，我国税法对企业并购中的亏损结转弥补有限额规定，而并购债务融资所发生的利息费用没有税前扣除限制，这就使得债务融资形成的利息税盾的节税效益大于亏损结转弥补的节税效益。二是对目标企业保留亏损动机的忽略。目标企业的亏损可以冲抵目标企业自身在企业并购中产生的应税所得，所以从目标企业的角度，其并购中形成的应税所得越大，越有动机保留亏损以进行盈亏冲抵。并且由于是自身的税收亏损冲抵自身的盈利，不受任何限额限制，税收亏损可尽数使用。三是免税并购可能造成股东财富的减少。免税并购所对应的支付方式是股票支付，而发行股票会导致股本变大，进而可能引起股价下跌，由此产生的股东财富损失可能超过亏损结转弥补所产生的税收收益。

（3）目标企业税收挡板。回归结果表明，目标企业税收挡板与应税并购发生概率正相关，且通过了 1% 水平的显著性检验，验证了假设 3 的合理性。根据表 5 – 7 回归系数（3）可以计算得出目标企业税收挡板的比值比为 1.40，这表示目标企业税收挡板每增加 1 个单位，应税并购的概率会增加 40%。目标企业税收挡板与并购方实际税率均与应税并购正相关，说明我国上市公司对并购方式的选择较为关注税收挡板所带来的节税效益，特别是通过应税并购实现对目标企业税收挡板的使用是上市公司并购的一个重要的税收动因。需要说明的是，计算税收挡板是根据所有并购标的的评估价值与其账面价值的差额计算的，这其中包括了股权的增值，而在股权收购下没有发生可折旧资产的转移，并不会产生税收挡板效果，因此回归结果存在高估税收挡板效果的可能。

（4）控制变量。资本结构的回归系数为负，没有通过显著性检验。企业规模的回归系数值为正，且在 10% 的水平上显著，说明并购方企业规模越大，越有能力进行债务融资，发生应税并购的可能性越大。企业成长性的回归系数为负，且在 10% 水平上显著，说明并购方成长性越好，越有可能通过发行股票扩张股本规模，而收购方也越希望获得并购方的优质股份，从而发生免税并购的概率加大。管理层持股比例的回归系数为正，但并不显著。

由于二值模型不存在平方和分解公式，无法计算 R^2，但 Stata 仍会报告模型的准 R^2（Pseudo R^2）为 0.213，似然比检验统计量 *LR* 为 485.13，对应的 *p* 值为 0.000，因此整个方程的所有系数（除常数项外）的联合显著性很高。模型的正确预测比率（*Correctly Classified*）为 70.2%，说明模型的预测准确性较高。

5.3.4 稳健性检验

本章采用解释变量替换法进行稳健性检验，将并购方的实际税率替换为边际税率，将目标企业的税收亏损和税收挡板的取值方法进行调整，以检验实证分析结果的稳定性。

（1）并购方边际税率。将并购方的实际税率（*ETR*）替换为边际税率（marginal tax rate, *MTR*）。边际税率是指每增加 1 元的应税收入，所增加的即期和未来应支付的所得税的现值，边际税率能够较好地刻画企业是否处于税收穷尽状态。谢夫林（Shevlin, 1990）以三分变量法（trichotomous variable）作为确定并购方边际税率的方法，如果企业应税所得为正，且没有向以后年度结转弥补的亏损，则边际税率为其法定税率；如果企业的应税所得为负，或者有可向以后年度结转弥补的亏损，边际税率为其法定税率的 1/2；如果企业应税所得为负，且有可向以后年度结转弥补的亏损，边际税率为 0。边际税率能够相对全面地反映企业当前和历史性盈亏情况，从而更为精确地对企业的税负情况进行刻画。比如当并购方当期盈利且无待弥补亏损时，说明并购方处于阶段性盈利期，需要正常纳税，因此并购方的边际税率一般应为法定税率；而当并购方当期亏损或有待结转弥补的历史性亏损时，并购方当前盈利或未来盈利需要对冲其已有亏损，并购方实际纳税额减少，其税负低于正常的法定税率；当并购方当期亏损且存在待弥补亏损时，说明并购方已经长期处于经营窘境，短期内不会产生纳税义务，视为税负为零的状态。

考虑到我国企业所得税法定税率非累进税率，且只有一档法定税率，无法反映出不同企业间的税负差异，因此以并购方实际税率作为三分变量法计算的基础。如果并购前一年并购方利润总额为正，且没有出现未分配利润为负的情况，边际税率取值为实际税率；如果并购前一年并购方利润总额为负，或者存在未分配利润为负的情况，边际税率取值为实际税率的 1/2；如果并购前一年并购方利润总额为负，且未分配利润也为负，边际税率取值为 0。

（2）目标企业税收亏损。将目标企业的盈亏情况作为衡量其税收亏损的情况，并作为二值变量。如果并购前一年目标企业净利润为负数，认为存在税收亏损，赋值为 0；如果并购前一年目标企业净利润为正数，认为不存在税收亏损，赋值为 1。

（3）目标企业税收挡板。以目标企业资产折旧的变动率作为税收挡板的替代变量，即目标企业并购当年折旧减去并购上一年折旧的差额除以目标企业并购上一年折旧。

稳健性检验所使用的替换变量见表 5 - 8。

表 5 - 8　　　　　　　　　　稳健性检验变量替换表

变量类型	变量名称及符号	内涵界定及计量方式
解释变量	并购方边际税率（AcqMTR）	三分变量。并购前一年并购方利润总额、未分配利润均为正，边际税率为其实际税率；利润总额为负或者未分配利润为负，边际税率为其实际税率的 1/2；利润总额、未分配利润均为负，边际税率为 0
	目标企业税收亏损（TarNOL）	并购前一年目标企业净利润为负数，赋值为 0；并购前一年目标企业净利润为正数，赋值为 1
	目标企业税收挡板（TarBSU）	目标企业并购当年折旧减去并购上年折旧再除以并购上年折旧

在进行稳健性检验前，对替换后的解释变量之间的两两对应关系进行相关性检验，见表 5 - 9。

表 5 - 9　　　　　　　　　　替代变量相关系数表

变量	Type	AcqMTR	TarNOL	TarBSU	Struc	Size	Growth	Share
Type	1							
AcqMTR	0.213 ***	1						
TarNOL	-0.156 *	-0.069	1					
TarBSU	0.187 **	0.277	0.208	1				
Struc	-0.331	-0.324 *	0.041 **	-0.157	1			
Size	0.115	0.108	-0.073 *	-0.224	-0.157	1		
Growth	-0.096 ***	-0.214 ***	-0.074	0.152 **	0.118	0.216	1	
Share	0.230 ***	0.012	0.023 **	-0.115	0.041 **	0.022	-0.016	1

注：*** 、 ** 、 * 分别表示在 1%、5% 和 10% 的水平上显著。

表 5 – 9 为替换了解释变量后所有变量的相关性分析。并购方边际税率与应税并购显著正相关，与研究假设 1 一致。目标企业税收亏损与应税并购显著负相关，与研究假设 2 一致。目标企业税收挡板与应税并购显著正相关，与研究假设 3 一致。相关变量之间的相关系数都小于 0.3，变量之间存在多重共线性的可能性较低，可以进行下一步的 Logit 回归分析。

Logit 回归结果见表 5 – 10。

表 5 – 10　　　　　　　　　稳健性检验回归结果

变量	回归（1）	回归（3）	回归（4）
AcqMTR	0.534 *** (0.089)	0.695 *** (0.051)	0.523 *** (0.081)
TarNOL		− 0.133 ** (0.056)	− 0.158 ** (0.059)
TarBSU			0.203 ** (0.088)
Struc	− 0.874 (0.672)	− 0.941 (0.610)	− 0.912 (0.602)
Size	0.542 * (0.313)	0.526 * (0.309)	0.581 * (0.307)
Growth	− 0.0445 * (0.0223)	− 0.0489 * (0.0212)	− 0.0521 * (0.0297)
Share	0.0874 (0.698)	0.0821 (0.671)	0.0879 (0.679)
Constant	− 4.789 *** (1.312)	− 4.741 *** (1.226)	4.995 *** (1.258)
Year	控制	控制	控制
Indus	控制	控制	控制
Region	控制	控制	控制
准 R^2	0.287	0.279	0.288
Correct Classified	75.1%	74.2%	73.9%
Observations	397	397	397

注：*** 、** 、* 分别表示在 1%、5% 和 10% 的水平上显著，括号里为变量的标准差。

稳健性检验的结果表明，通过将并购方的实际税率替换为边际税率，将目标企业税收亏损和税收挡板变量的计算方法进行替换，并不影响实证结果的稳定性。并购方的边际税率与应税并购正相关，且在 1% 水平上显著；目标企业的税收挡板与应税并购正相关，且在 5% 水平上显著。目标企业税收亏损替换为二值变量后显著性提高，在 5% 的水平上显著。模型的准 R^2 为 0.288，似然比检验统计量 LR 为 456.02，对应的 p 值为 0.000，因此整个方程的所有系数（除常数项外）的联合显著性很高。而模型的正确预测比率为 73.9%，说明模型的预测准确性较高。

5.4 研 究 结 论

本章对税收是否影响企业并购方式进行实证检验。以 2009 年 1 月 1 日至 2018 年 12 月 31 日期间成功完成并购的上市公司作为研究对象，通过将并购样本根据支付方式的不同分为应税并购和免税并购，研究并购方和目标企业的税务特征和非税收因素对企业并购方式选择的影响。实证研究结果表明，并购方的税收和非税收因素对并购方式具有重要影响，目标企业的税务特征也对并购方式的确定产生影响。

第一，应税并购发生概率与并购方税负显著正相关，并购方的税负越高，应税并购发生的概率越大，说明并购方的税负越高，越有降低税负的动机。一方面，并购方可以通过债务融资方式作为并购对价的支付方式，因为债务融资可以为并购方带来利息税盾效果，而债务融资为主的并购只能按照应税并购进行处理。另一方面，除了并购方主动增加债务以获取利息扣除外，并购方还可通过获取大额可折旧资产的方式实现税前扣除的增加，即目标企业的资产按照评估增值转移至并购方，即可为并购方提供更多的可税前扣除的折旧，而这种资产税基增加也需要通过应税并购得以实现。这一研究结论表明，并购方税负程度的高低对其并购方式的选择具有直接的影响，税务部门在对一项企业并购合理商业目的的审核中，应重点关注并购方的税负情况，并结合并购前后并购方税负情况的变化判断其并购目的的合理性。

第二，目标企业存在税收挡板与应税并购发生概率显著正相关。这一结论与并购方税负越高，越有可能选择应税并购的结论是一致的，正是由于并购方税负高，所以更倾向于选择具有税收挡板的目标企业发起应税并购，以实现税收挡板转移至并购方使用。可见，税收挡板因素不仅构成一项企业并购的税收动因，同时还会对并购方式产生影响。这一研究结论表明，目标企业的税收挡板与应税并购的发生具有相关性，应着力完善应税并购下资产计税基础确认的税制设计，并尽快制定针对整体资产收购或"一篮子"资产、负债打包收购的资产税基分摊规则，防止由于规则的不明确造成企业随意分摊计税基础，实现避税目的。

第三，目标企业存在税收亏损与应税并购发生概率负相关，但仅在10%显著性水平上显著。由于我国税法对目标企业税收亏损结转弥补设定了严格的限额，这就使其节税效用显著低于不受限制的并购债务融资所产生的利息税盾，此外，亏损结转弥补只适用于免税合并这一特定并购方式，而在本章的研究样本中，没有将免税合并单独加以区分，可能造成了显著性不强。结合第4章的研究结论，税收亏损不仅是驱动企业发生并购的一项动因，同时也是影响企业并购方式的显著因素。在企业并购税收制度的完善中，应加强对亏损结转弥补规则的细化和完善，使其既符合免税并购所遵循的股东利益持续原则，又符合尽数使用、防止滥用的原则。

除了税收因素外，非税收因素也会对并购方式产生影响，主要包括并购企业规模和并购企业的成长性。并购企业规模越大，其债务安全度越高，举债能力就越强，此时以债务融资作为对价支付方式的应税并购发生概率越高；并购企业成长性是其在股权市场融资的重要判定指标，企业成长性越好，越受投资者青睐，通过股权融资实现免税并购的概率越高。

以上实证分析结论表明，税收是影响企业并购方式选择的重要因素，纳税人根据自身税负情况和税务特征在应税并购和免税并购中择机选择。应税并购与免税并购的税收制度设计旨在体现鼓励和支持的免税并购的税收制度应更加完善，既发挥税收制度的激励效果，同时也要纳入纠偏机制，防止跑偏；旨在将企业并购按照一般性商品交易课税的应税并购的税收制度更加合理，充分考虑到产权交易与普通商品交易存在的差异性，既能够合理保障纳税人权益，又能够切实维护国家税收利益。

第6章 我国企业并购税收制度的问题分析

企业并购税收制度的核心内容是企业所得税,而从现行企业并购企业所得税税收制度的架构来看,主要包括一般性税务处理、特殊性税务处理和反避税三个方面的内容。通过对这三项内容的归纳与分析,有助于发现企业并购税收制度中存在的问题与不足,并能够为企业并购税收制度的完善提供明确的方向。

6.1 企业并购一般性税务处理的问题分析

6.1.1 一般性税务处理的税收待遇

为了满足企业改制、并购、重组等各类情形的需要,我国税法领域统一使用"企业重组"这一概念以扩大税收政策的适用范围,企业重组的所得税税收待遇分为一般性税务处理和特殊性税务处理。[①]

一般性税务处理是原则性的普适规定,将企业并购作为一种正常的出售行为,适用一般商品交易的课税方法。根据"所得当期确认,计税基础改变"的原则,对资产或股权的转让所得或损失当期确认,并按照公允价值重新确定被转让资产或股权的计税基础。对于适用一般性税务处理的股权收购,转让方应按股权转让收入(公允价值)与股权计税基础的差额一次性确认股权转让所得或损失;收购方按照对等性原则,以其支付的对价(公允价值)作为取得股权的计税基础。由于目标企业只是发生了股东层面的变更,并不

---

① 《财政部 国家税务总局关于企业重组业务企业所得税处理若干问题的通知》。

涉及法人实体内部的调整，因此目标企业相关所得税事项保持不变。对于适用一般性税务处理的资产收购而言，转让方按照资产转让收入（公允价值）与资产计税基础的差额一次性确认资产转让所得或损失；收购方以其支付的对价（公允价值）作为取得资产的计税基础。对于所收购的标的资产的所得税税收待遇，只要其相关条件未发生变化，原则上一并转移至收购方，转让方其他相关所得税事项保持不变。对于适用一般性税务处理的企业合并，相当于被合并企业将其全部资产和负债先行转让给合并企业，被合并企业股东换取合并企业的非股权支付，实现两个企业的依法合并。因此，被合并企业及其股东都需要进行企业所得税清算处理，合并企业按照公允价值确定其取得的被合并企业全部的资产和负债的计税基础，由于被合并企业已经注销清算，因此其亏损不得在合并企业结转弥补。

关于一般性税务处理的税收待遇见表6-1。

表6-1 一般性税务处理的税收待遇

并购类型	转让方 （被合并方股东）	目标企业 （被合并方）	收购方 （合并方）
股权收购	转让方应确认股权转让所得或损失	目标企业的相关所得税事项保持不变	收购方取得股权的计税基础应以公允价值为基础确定
资产收购	转让方应确认资产转让所得或损失	目标企业的相关所得税事项保持不变	收购方取得资产的计税基础应以公允价值为基础确定
企业合并	被合并方股东应按清算进行所得税处理	被合并方应按清算进行所得税处理	合并方应按公允价值确定接受被合并方资产和负债的计税基础

6.1.2 一般性税务处理中存在的问题

6.1.2.1 承担债务的税法定性不准确

承担债务是获取利息税盾的一种方法，作为促使企业发生并购行为的一项动因，承担债务在企业合并业务中普遍存在，因为企业合并涉及资产与债务的概括承受。在资产收购中，如果收购方收购了目标企业的一项业务，也会产生承担债务问题。现行政策依据"资产观"认为并购标的应为目标公司所拥有的资产，承担债务属于非股权支付的一种方式，当收购方需要承担债务时，相当于收购方支付了两项对价：一项是收购标的的公允价值减去债务的部分，另一项是承担的债务。这种理解从《合同法》理论上分析是没有问题的，而从企业并购业务的实质来看，将债务承担作为非股权支付的一部分存在不合理之处。首先，企业并购通常以净资产为作价基准，转让方不是以转嫁债务承担主体为主要目的，而是基于资产与债务的相关性或整体资产剥离的必要性而将资产与债务整体转让，税法将债务与资产硬性分开，不符合业务转让的实质。其次，如果将承担债务作为非股权支付，则取得非股权支付的一方当期应立即确认非股权支付部分对应的所得，对其而言并未实际收到债务对应的现金，不具备纳税能力。最后，一旦承担债务超过非股权支付比例上限（15%），该项并购业务将不能适用特殊性税务处理，这对于目标企业剥离资产，实现净壳等合理商业目的均构成实质性障碍。

6.1.2.2　非股权支付计税方法不合理

非股权支付即"额外支付"，在我国企业并购税制体系中有着多处体现，但其计税方法不尽相同。一处是在企业重组适用特殊性税务处理中，对取得非股权支付的一方，要求在交易当期确认相应的资产转让所得或损失，并调整相应资产的计税基础。非股权支付对应的资产转让所得或损失的金额按非股权支付金额占被转让资产公允价值的比例乘以被转让资产的公允价值与其计税基础的差额确定，即采用"比例确定法"确定非股权支付的纳税义务。另一处是在个人进行非货币性资产投资业务中，如果个人在非货币资产投资交易过程中或在分期缴税期间内取得了现金补价，要求现金补价优先用于缴税，不足缴纳部分，可以选择分期缴纳，即采用"全额确定法"。虽然出现在不同的税种、不同的业务场景下，但税法对非股权支付的态度都是要求立即确认。相比之下，"比例确定法"容易造成非股权支付的所得确认与纳税能力之间形成不匹配，比如在一项资产收购中，标的资产的计税基础为 2.5 亿元，公允价值为 3 亿元，收购方支付的对价中股权支付占 85% 即 2.55 亿元，非股权支付（假设全部为现金支付）占 15% 即 0.45 亿元，在其他条件都符合的情况下，此项资产收购适用特殊性税务处理，转让方只需确认非股权支付对应的所得部分即 0.075 亿元 $[(3-2.5)\times 15\%]$，而非股权支付额远大于当期实际需要确认的应税所得，纳税能力有较大富余却无须当期纳税，税制设计不尽合理。

6.1.2.3　缺少资产计税基础分摊规则

税收挡板是企业并购的一项重要税收动因，也是影响企业并购方式选择的重要因素，税收挡板作用的发挥需要通过转移资产并按公允价值作为计税基础而实现的。在适用一般性税务处理的企业合并、资产收购等并购业务中，往往可能涉及整体资产或"一揽子"资产转让，此时标的资产的计税基础是根据整体资产或"一揽子"资产整体的公允价值进行确定的，收购方如何将这一整体资产价值在各单项资产中分摊，直接影响收购方取得标的资产计税基础的确定，进而影响到未来的折旧、摊销金额。现行企业并购税收制度中没有明确的资产价值分摊规则，交易双方可以通过事前协商，做高可折旧摊销类资产价值，做低不可折旧摊销类资产价值，从而实现避税目的。特别是当并购方支付的交易价格大于目标企业可辨认净资产公允价值时，需要确认为商誉，而我国税法规定，外购商誉不得计提摊销税前扣除，只能在企业整体转让或清算时扣除，这就会促使交易双方通过调大可辨认资产计税基础的方式实现商誉的转嫁扣除。上述情况不仅会发生在适用一般性税务处理的企业并购中，在特殊性税务处理下如果涉及非股权支付，同样需要将非股权支付所对应的公允价值在整体资产或"一揽子"资产中进行分摊。此时，收购方取得标的资产的计税基础是由单项标的资产的原计税基础与所分摊得到的非股权支付公允价值组合形成的，如果没有明确的资产价值分摊规则，会造成计税基础确定的随意性，影响税前扣除的准确性。

6.2　企业并购特殊性税务处理的问题分析

6.2.1　特殊性税务处理的税收待遇

6.2.1.1　企业重组的税收待遇

相对于一般性税务处理，特殊性税务处理是一种例外适用，只有满足特定条件才可以按照"所得暂不确认，计税基础不变"的原则进行处理，适用特殊性税务所需满足的条件见表 6-2。特殊性税务处理的本质是视同资产或股权并未退出资本循环，只是调整了投资的方式与结构，因此对资产或股权的转让所得或损失暂不确认，并按照被转让资产或股权的原计税基础作为双方各自取得资产或股权的计税基础。作为一种递延纳税方法，特殊性税务处理一方面避免了在重组发生之际由于大额的纳税负担造成税收对企业重组行为的扭曲，另一方面通过平移原有计税基础的方式保证特殊性税务处理只是纳税时间上的递延而非税收优惠，维持税收中性。不仅如此，特殊性税务处理还允许被合并企业的税收属性有条件结转至合并企业，保证了企业税收权益的延续。

关于特殊性税务处理的税收待遇见表6-3。

表6-2   企业重组适用特殊性税务处理的判定条件

判定基本原则	判定具体条件
合理商业目的	具有合理的商业目的，不以减少、免除或者推迟缴纳税款为主要目的
营业企业继续	被收购、合并或分立部分的资产或股权比例达到全部资产或股权的50%及以上
	企业重组后的连续12个月内不改变重组资产原来的实质性经营活动
股东利益持续	重组交易对价中涉及股权支付金额达到全部交易总额的85%及以上（注：股权支付是指以本企业或其控股企业的股权或股份作为支付对价）
	取得股权支付的原主要股东（持股20%以上的股东），在重组后连续12个月内，不得转让所取得的股权

表6-3   特殊性税务处理的税收待遇

并购类型	转让方（被合并方股东）	目标企业（被合并方）	收购方（合并方）
股权收购	转让方取得收购方股权的计税基础，以目标企业原有计税基础确定	目标企业的原有各项资产和负债的计税基础和其他相关所得税事项保持不变	收购方取得目标企业股权的计税基础，以目标企业股权原有计税基础确定
资产收购	转让方取得收购方股权的计税基础，以被转让资产原有计税基础确定	目标企业的其他各项资产和负债的计税基础和其他相关所得税事项保持不变	收购方取得被转让资产的计税基础，以被转让资产原有计税基础确定
企业合并	被合并方股东取得合并方股权的计税基础，以其原持有被合并方股权的计税基础确定	被合并方合并前的相关所得税事项由合并方承继	合并方接受被合并方资产和负债的计税基础，以被合并方原有计税基础确定

注：非股权支付应在交易当期确认相应的所得或损失，并调整相应资产的计税基础。

需要强调的是，当企业合并适用特殊性税务处理时，涉及被合并方合并前的相关所得税事项由合并方承继的问题。这些事项包括被合并方未超过法定弥补期限的亏损、被合并方尚未享受期满的税收优惠、被合并方的资产损失以及分期确认收入等。其中，为适当限制亏损弥补可能产生的避税动机，对适用特殊性税务处理的企业合并采用限额结转弥补的方式，每一年可由合并企业弥补的被合并企业亏损限额为合并日被合并企业净资产的公允价值乘以截至合并日国家发行的最长期限国债利率，即可由合并企业结转弥补的亏损不得超过被合并企业原有净资产在未来所能够创造的应税所得。此外，对于合并方税收优惠的承继，需要根据税收优惠的具体类型、合并后企业是否继续满足税收优惠的适用条件进行判断。如果合并后存续企业的性质及其适用税收优惠的条件没有发生改变，可以继续享受合并前各企业的税收优惠，对于税收优惠年限不一致的，应按合并日各合并前企业资产占合并后企业总资产的比例进行划分。

除了满足实体性条件外，适用特殊性税务处理还需符合程序上的要求。我国企业重组适用特殊性税务处理的程序性要求经历了行政审批到备案管理的改革过程。2010 年确立了企业重组适用特殊性税务处理的事前审批制度，[①]对企业选择适用特殊性税务处理的，要求在年度纳税申报时向主管税务机关进行书面备案，否则不得适用。如果重组交易各方需要税务机关确认是否符合特殊性税务处理条件的，需要由主导方向主管税务机关提出申请，并层报省税务机关给予确认。2015 年国务院要求取消非行政许可审批事项，包括取消适用特殊性税务处理的核准。重组交易各方只需在企业所得税年度申报时向各自主管税务机关报送相关资料即可，将企业重组适用特殊性税务处理由事先核准转变为事后备案，优化了企业并购重组的市场环境，为企业并购重组创造条件。[②]

6.2.1.2　非货币性资产投资的税收待遇

非货币性资产投资是以除货币之外的实物、知识产权、土地使用权等可以用货币估价并可以依法转让的非货币财产作价出资的财产处置行为。作为企业对外投资的一种重要方式，非货币性资产投资不仅有助于拓宽货币资金

---

① 《企业重组业务企业所得税管理办法》。
② 《国家税务总局关于企业重组业务企业所得税征收管理若干问题的公告》。

相对匮乏的企业的投资渠道，还可以使被投资企业直接获得经营所需资产，免除了自行购置的环节和手续。

与现金出资不产生税收结果不同，非货币性资产出资时资产的计税基础与市场价值通常并不一致，出资方以非货币性资产的市场价值为基础作价出资，会产生税法上的所得或损失，涉及出资方的纳税问题。考虑到资产权益的延续性和必要的纳税资金能力问题，企业所得税法允许居民企业以非货币性资产对外投资所确认的所得在 5 年内均匀纳税，对其取得的被投资方股权，以非货币性资产的原计税成本为基础，加上每年确认的所得逐年调整。[①] 这种定期递延的纳税处理有助于缓解出资人纳税困难，是政府在财政收入的筹集与鼓励私人投资之间作出的一种平衡。由于投资方非一次性确认税收上的所得，意味着所得并未完全被税法确认，那么被投资方接受该项非货币性资产的计税基础也不应立即按照非货币性资产的市场价值确认。然而，理论上的计税基础同步调整可能会造成实践操作的复杂性，被投资企业需要频繁地对非货币性资产的计税基础进行调整，进而影响税前扣除的计算。为防止这一情况的影响，我国税法采用了非对称的技术处理方法，允许被投资企业取得非货币性资产的计税基础按照公允价值一次性确认，有效避免被投资方因频繁调整计税基础引发纳税成本和遵从成本的增加维护了"等量资本等量权益"的资本投入规则。

需要特别指出的是，考虑到技术成果在收益实现方面存在更大的不确定性，我国税法对企业以技术成果投资入股，除可适用 5 年内均匀纳税的政策外，还给予不定期递延纳税的政策选择。[②] 具体来说，投资方以技术成果投资入股到境内居民企业，且取得的全部对价为被投资方股权，投资方可以选择按照非货币性资产投资的相关税收政策处理，也可以选择适用递延纳税优惠政策。如果选择适用递延纳税优惠政策，投资方在投资入股的当期暂不纳税，递延至未来转让股权环节，按股权转让收入减去技术成果原值及合理税费后的差额计算纳税。适用此项政策无须经过前置性审核，只需投资方向其主管税务机关备案即可，充分体现了鼓励科技创新，促进科技成果转化的政策导向，有利于鼓励知识产权人出资人的出资积极性。

非货币性资产投资与技术成果投资的税收待遇见表 6-4。

---

① 《关于非货币性资产投资企业所得税政策问题的通知》。
② 《财政部 国家税务总局关于完善股权激励和技术入股有关所得税政策的通知》第三条。

表 6 – 4   非货币性资产投资的税收待遇

计税方法		投资方	被投资企业	适用情形
所得确认	定期递延	可在不超过 5 年期限内分期均匀计入相应年度的应纳税所得额	—	所有非货币资产投资入股
	不定期递延	投资入股当期可暂不纳税，递延至转让股权时纳税	—	仅限技术成果投资入股
计税基础	定期递延	取得被投资企业股权以非货币性资产的原计税成本为计税基础逐年调整	按非货币性资产的公允价值确定	所有非货币资产投资入股
	不定期递延	取得被投资企业股权以非货币性资产原计税成本为计税基础	按非货币性资产的公允价值确定	仅限技术成果投资入股

6.2.1.3 股权或资产划转的税收待遇

同一投资主体内部的企业之间，可以通过资产或股权的划转实现资本结构优化，满足资本运营需要。划转通常是一种无偿行为，仅涉及资产与权益的内部调整，但被划转资产或股权的权属在独立纳税主体之间发生了转移，需要解决企业所得税的待遇问题。我国企业所得税将满足特定条件的资产或股权划转行为也纳入特殊性税务处理的范畴，[①] 旨在降低集团内部企业重组的税收成本，发挥企业重组在供给侧结构性改革中的积极作用。

资产或股权划转企业所得税的制度的设计体现了四个特点：一是以横向公平为导向。不区分企业性质，不论国有企业或非国有企业，平等适用资产或股权划转的特殊性税务处理待遇，保证对市场主体一视同仁。二是以支持鼓励为原则。与企业重组适用特殊性税务处理的条件不同（详见表 6 – 5），划转政策不对划出资产或股权进行数量或比例上的要求。无论划出资产或股权是否达到划出方全部资产或被划转股权的 50% 及以上，均可适用特殊性税务处理，进一步支持集团企业资源整合和做大做强。三是以防止滥用为底线。划转的企业所得税处理规则仅限于母子公司之间和受同一控制的子公司之间，双方均不因划转而产生经济利益的流入，也不因划转而改变资产或股权的计税基础。对被划转资产或股权在一定时间内发生实质性经营活动的改变，一律追回已享受的递延纳税待遇，并按照一般性税务处理追溯调整，防止利用

---

① 《财政部 国家税务总局关于促进企业重组有关企业所得税处理问题的通知》第三条。

划转的特殊性税务处理待遇避税。四是以简便适用为目标。不对股权或资产
划转设置事先核准程序，只需要在企业所得税年度汇算清缴时提交备案资料
即可，最大程度简化税收管理方式，提供便捷的办税流程。

表6-5 股权或资产划转适用特殊性税务处理的判定条件

判定基本原则	判定具体条件
合理商业目的	具有合理的商业目的，不以减少、免除或者推迟缴纳税款为主要目的
非交易性行为	按账面净值划转股权或资产
	划出方企业和划入方企业均未在会计上确认损益
股东利益持续	100% 直接控制的居民企业之间，以及受同一或相同多家居民企业 100% 直接控制的居民企业之间
营业企业继续	股权或资产划转后连续 12 个月内不改变被划转股权或资产原来实质性经营活动

资料来源：《财政部 国家税务总局关于促进企业重组有关企业所得税处理问题的通知》第三条。

6.2.2 特殊性税务处理中存在的问题

6.2.2.1 合理商业目的的判定缺少可操作性

合理商业目的不仅是适用特殊性税务处理的前置条件，也是实质课税原
则在并购税制中的集中体现。同时，鼓励正当合理并购的价值导向需要合理
商业目的原则提供支撑，可见这一原则集成了并购税收理论、税收实践与并
购税制导向三方面的内容。我国现行企业并购税收制度有关合理商业目的的
判定是从五个方面进行考察的，分别包括并购交易的方式、并购交易的实质
结果、并购各方涉及的税务状况变化、并购各方涉及的财务状况变化，以及
非居民企业参与并购活动的情况，企业需要围绕上述五个方面进行合理商业
目的的说明。遗憾的是，这些考察标准仅仅停留在定性层面的概括描述，缺
乏可操作性，也没有相应的案例供参考。比如，一项基于关联关系的子公司
间的吸收合并业务，企业自述其并购目的是优化股权架构，实现资源整合，
节省运营成本，消除同业竞争。而税务部门掌握到的情况是，两家子公司一
家为盈利企业一家为亏损企业，且亏损企业的税收亏损金额较大并无法得以
及时弥补即将到期，此次合并可将亏损限额结转至盈利企业继续弥补。此时，
如何判定该项吸收合并业务是否具有合理商业目的，仅以原则性的判断要件
不足以对多重动因下的并购业务给出准确定性，纳税人与税务部门可能基于

自身利益或防范风险的角度对企业并购业务是否具有合理商业目的做出不一致的判断，容易引发税企争议。

6.2.2.2　股权收购比例的设定不合理

虽然自 2014 年我国已将适用特殊性税务处理的股权或资产收购比例由75% 调降至 50%，但在股权收购比例的确定上仍过于严格。要求收购企业一次性取得被收购企业 50% 以上的股权，会导致"累进式"取得控股权的情况无法适用特殊性税务处理。具体包括两种情形：一种是收购企业通过分次收购累计实现 50% 以上的控股权。从单次单笔收购比例来看均达不到 50%，比如收购企业分三次依次取得被收购企业 10%、20%、20% 的股权，且三次收购未发生在连续的 12 个月内单笔股权收购比例不符合要求，因此无法适用特殊性税务处理；另一种是收购企业已取得目标企业控股权，后续通过进一步增持获得目标企业的绝对控股权。比如收购企业作为目标企业的原始股东已拥有目标企业60% 的股权，后续通过收购取得剩余 40% 的股权达到对目标企业 100% 的绝对控股，但仅就第二次收购行为来看，没有达到对目标企业 50% 以上的股权收购，不符合特殊性税务处理要求。可见，对收购比例采用"一刀切"的判定方式会阻断符合特殊性税务处理实质的收购业务适用此项税收待遇，与资本市场中交易的连贯性、持续性、累积性特点形成冲突，无法满足企业并购交易的需要。

6.2.2.3　股权支付的解释口径不正确

在企业并购中，收购方以一定比例的股权支付作为对价支付方式是适用特殊性税务处理的前提条件之一。企业并购税收制度将股权支付定义为"企业重组中购买、换取资产的一方支付的对价中，以本企业或其控股企业的股权、股份作为支付的形式。"[1] 以本企业股权、股份作为支付形式可以使转让方直接持有收购方的股权或股份，进而保证转让方通过对收购方股权或股份的持有实现股东利益持续；而以收购方控股企业股权、股份作为支付形式，且将"控股企业"解释为"由收购方直接持有股份的企业"[2]，使转让方取得的是收购方下属企业的股权，转让方无法通过对第三方企业股权的持有与收购方之间建立起权益纽带，无法满足股东利益持续要求。这表明现行企业并

---

① 《财政部 国家税务总局关于企业重组业务企业所得税处理若干问题的通知》第二条。

② 《企业重组业务企业所得税管理办法》第六条。

购税收制度并未从理论上厘清并购当事方与合同的相对性，不符合股东利益持续的质量要求。不仅如此，将控股层级界定为向下控股还可能造成重复征税或少征税的问题。比如，A 企业为 B 企业的原股东，拟将其持有 B 企业 50% 的股权与 C 企业控股的 D 企业 40% 的股权进行置换。假设 A 企业持有 B 企业股权的计税基础为 1 亿元，评估价值 3 亿元；C 企业持有 D 企业股权的计税基础为 2 亿元，评估价值 3 亿元。此次股权置换业务中，相当于 C 企业收购了 B 企业 50% 的股权，并以 100% 的股权支付满足了特殊性税务处理的条件。但税法只对转让方 A 企业当期实现的所得 2 亿元给予了递延处理，并未对交易对方 C 企业的 1 亿元所得明确规定是否也可递延确认。特别是，税法要求交易双方取得股权的计税基础都延续被转让股权的原计税基础，这会导致 C 企业取得 A 企业股权的计税基础为 1 亿元，与其原持有 D 企业股权 2 亿元的计税基础相比贬值了 1 亿元，而现行规则中并没有明确对此允许申报损失扣除，则未来再处置环节无疑将对 C 企业造成重复纳税。如果 C 企业持有 D 企业的股权计税基础为 0.5 亿元，在按照被转让企业股权原有计税基础确定的情况下，C 企业收购 B 企业股权的计税基础将被确定为 1 亿元，相比原持有 D 企业股权的计算基础 "放大" 了 0.5 亿元，现行企业并购税收制度中也没有要求对此进行纳税处理，会造成未来处置环节的税收流失。

6.2.2.4　税收待遇竞合问题突出

从企业并购的广义内涵来看，企业重组、非货币性资产投资、股权或资产划转同属企业并购税收制度的体系范畴，然而三种并购方式的税收待遇不尽相同，既有差异又有重叠，致使同一项业务可能既满足企业重组的税收待遇，又满足非货币资产投资或股权划转的税收待遇，出现了税收待遇上的竞合。比如企业以实物资产对外投资，假设标的资产价值占投资方全部资产总价值的 50% 以上，投资方所获取的对价均为被投资企业自身增发的股份。那么这项业务站在投资方的角度可以作为非货币性资产投资处理，适用 5 年定期递延纳税的税收待遇；而站在被投资企业的角度也可以将该项业务作为一项资产收购业务，由于资产收购比例达到目标企业的 50%，且收购方支付的对价全部为股权支付，因此可以选择适用企业重组的特殊性税务处理。由此产生了一项业务可同时做出两种不同的定性，并且可以在不同的税收待遇间选择适用，这不仅造成税制设计过于复杂，更会给纳税人带来 "选择困难"，增加了纳税成本。

有关非货币性资产投资与资产收购税收待遇的差异见表 6-6。

表 6 – 6　　　　　　　　　非货币性资产投资与资产收购的税收待遇差异

主体	项目	非货币性资产投资	资产收购
投资企业	标的资产占比	无限制	50% 及以上
	所得确认	不超过 5 年均予确认	暂不确认
	取得股份的计税基础确认	以被转让资产原计税成本为基础逐年调整	被转让资产原计税基础
被投资企业	对价支付要求	全部自身股份	85% 以上本企业或其控股企业股份
	取得资产的计税基础	被转让资产公允价值	被转让资产原计税基础
	再次转让限制	无限制	12 个月以上

从表 6 – 6 可以发现，除了在并购业务的定性归属问题上税制设计过于复杂，税收待遇的差异更是造成了并购税制在公平性上考虑欠佳。非货币性资产投资与资产收购的税收待遇虽然从本质上而言均为递延纳税，但由于递延技术方法的不同造成了二者的税收待遇不平衡。首先，从标的资产价值占比来看，只有投资企业将其全部资产价值中 50% 以上的资产用于对外投资时，才能适用资产收购的特殊性税务处理，这一比例对于不准备改变重大经营实质的投资企业而言要求过高。其次，从递延纳税的技术处理来看，非货币性资产投资中投资方的资产转让所得可以分期确认，而其取得被投资企业股权的计税基础也需逐期调整，增加了投资方纳税调整的难度和税务部门后续监管的难度。与此同时，允许被投资企业直接按照非货币性资产的公允价值确定计税基础，使投资方与被投资企业间的税收待遇不对等。这一问题在以技术成果投资入股的问题上更为突出，投资方暂不确定所得，而被投资企业可以直接按照公允价值确认取得资产的计税基础。如果后续的税收监管不到位，很可能造成投资方从未纳税，而被投资企业却已全额扣除资产折旧。最后，从对价支付要求来看，非货币性资产投资要求投资企业取得的必须是被投资企业的全部自身股份，而企业重组特殊性税务处理则允许在交易总价值 15% 的区间内自由选择对价支付方式。现实中由于标的资产的评估价值与股权价值之间可能存在差异，双方很有可能通过现金或其他资产对差价进行补足。适量的现金补价作为一种交易常规并不会破坏股东利益的持续，然而一旦出现现金补价，就无法满足非货币性资产投资政策中关于 100% 股份支付的要求，造成这一定期递延适用条件过于严苛。

6.3 企业并购反避税制度的问题分析

6.3.1 国内并购反避税制度存在的问题

6.3.1.1 利益持续的后续审核不严谨

利益持续是特殊性税务处理的内核，具体包括两个方面，在股东层面意味着股东利益持续，在企业层面则是营业持续。企业在适用特殊性税务处理时，仅承诺对利益持续的遵守，但实际执行是否如此，需要通过对并购后企业行为的具体考察方可判定，这也是反避税原则在企业并购中的一个重要方面。从我国目前的特殊性税务处理要求来看，股东层面的利益持续体现在取得股权支付的目标企业原主要股东不得在并购后的 12 个月内出售其取得的股权；企业层面的营业继续体现在并购交易完成后的 12 个月内，资产原来的实质性经营活动不得发生改变。前者对"原主要股东"的认定是以持股 20% 作为标准，但这一标准对于许多股权相对分散的企业而言缺乏约束力，也会给税收筹划留有空间；后者缺少对"实质性经营活动"和"不改变"的细化解释，也没有对集团内部资产转移是否纳入管制要求进行说明，同时还缺少必要的程序要求。比如是由并购方自证未改变实质性经营活动，还是由税务部门通过纳税评估或实地稽查等方式予以确认，如果要求自行证明，需要提供哪些必要的资料等均没有明确规定。

6.3.1.2 亏损结转弥补规则不合理

亏损结转弥补是促使企业发生并购的一项显著动因，也是影响企业并购方式选择的重要因素。我国企业并购税收制度对亏损结转弥补存在两方面突出的问题。一方面是限额弥补机制过于严格。根据股东利益持续原则，目标企业原股东只要在并购前后保持其完整利益持续，就应当享有 100% 亏损弥补的权利，只有当原股东利益持续发生变动时，才应考虑对亏损弥补加以限制。也就是说，所有权变动是亏损弥补受到限制的直接原因，若无此变动，亏损弥补应被尽数使用。另一方面是对亏损企业的价值确定缺乏必要的限制。确定企业合并中亏损结转弥补限额的基础是目标企业并购日净资产的公允价值，这一价值的大小将直接影响未来亏损结转弥补金额的大小，而目前税法对这一价值缺少必要的限制，很可能出现并购发生前通过放大目标企业净资产公允价值的方式获得更大的亏损结转限额。

6.3.2　跨国并购反避税制度存在的问题

为防止跨国并购导致税收权益的流失，我国企业并购所得税政策中设置了三项特别反避税条款①：一是针对非居民企业向非居民企业转让居民企业股权的特别反避税条款。当非居民企业通过跨国股权或资产收购，以及跨国合并或分立业务将居民企业股权转让给另一非居民企业时，即便满足特殊性税务处理的适用条件，仍需额外满足三个附加条件才能享受"免税"待遇。这三个条件包括转让方直接持有受让方 100% 股权，股权转让后不会造成预提所得税税收负担变化，以及该非居民企业向中国主管税务机关书面承诺 3 年内不转让其所拥有的作为受让方的非居民企业的股权。二是针对非居民企业向居民企业转让另一居民企业股权的特别反避税条款。当非居民企业通过跨国股权或资产收购将其持有的居民企业股权转让给另一个居民企业，只有满足该非居民企业与受让的居民企业具有 100% 的直接控股关系这一附加条件时，方可适用特殊性税务处理。三是针对居民企业向非居民企业以资产或股权进行投资的特别反避税条款。当居民企业因跨国股权或资产收购而向非居民企业进行非货币资产投资，只有满足居民企业 100% 直接控股作为被投资方的非居民企业这一附加条件时，方可适用特殊性税务处理，且此类特殊性税务处理并非递延至下一次处置环节，而是要求转让资产或股权的居民企业在 10 个纳税年度内均匀确认转让收益。

除了上述三项特别反避税条款外，我国企业所得税还建立了非居民企业间接转让居民企业股权的税收穿透规则。实践中，通过改变股权转让所得来源地模式规避一国税收的问题较为普遍。具体来说，对非居民企业通过在避税港国家或地区设立一家中间控股企业，由该企业持有中国居民企业股权，后续非居民企业通过转让该中间控股企业股权的方式间接实现转让中国居民企业股权，由于股权转让所得来源地判定的原则是以被转让股权企业的所在国，因此此举可使非居民企业在中国无须纳税。我国非居民企业间接转让股权税收穿透就是针对这一情况而设置的一项特别反避税条款。对非居民企业

---

① 《财政部 国家税务总局关于企业重组业务企业所得税处理若干问题的通知》第七条。

通过境外控股企业间接转让中国居民企业股权，且被转让的境外控股企业所在国（地区）实际税负低于12.5%或不对境外所得征税，则应向中国税务机关提交包括股权转让协议、控股关系说明、合理商业目的说明等一系列资料。如经审核发现存在滥用组织形式等规避纳税的事实，税务机关可以按照经济实质对该交易重新定性，否定被用作税收安排的境外控股公司的存在。

现行跨国反避税制度还存在三个方面的问题亟待改进：一是适用范围过窄。现行的跨国反避税制度主要适用于跨国股权收购与跨国资产收购，而对跨国合并、分立等类型的并购业务并没有做出具体的规定，只是笼统地将跨国股权收购反避税规则的适用范围扩展至跨国合并与分立，这会造成由于交易主体、交易形式和交易流程上的差异而致使反避税规则产生畸紧或畸松的情况。二是缺少针对自然人的反避税条款。在跨国并购中大量非居民个人或合伙企业作为交易主体参与其中，而目前的跨国并购反避税制度中没有设计专门的条款对此类交易主体加以明确。三是跨国反避税的技术处理规则不合理。对于控制权外移型的跨国并购，如果境内企业向境外转移资产符合特殊性税务处理而给予"免税"待遇，那么境外企业相当于取得了一项未确认收益的已增值资产，未来境外企业转让这一资产，将直接造成本应属于我国的税收利益转移至境外，如不对此进行收紧，将造成税收利益的流失。

6.4　企业并购其他税种存在的问题

企业并购除涉及企业所得税外，还会涉及其他税种的问题。如果企业并购的交易主体涉及自然人、合伙企业，则涉及个人所得税的处理；如果企业并购的交易标的涉及动产、不动产以及金融商品，则会涉及增值税的处理；如果企业并购中涉及土地、房屋权属的变更，则会涉及土地增值税、契税、印花税等问题。

6.4.1　企业并购增值税制度的原则导向缺失

对特定的并购业务不征收增值税，是因为转让标的不是一个单独的资产，而是一项可独立运行的业务。企业并购并未改变该业务活动的持续，因此从本质上属于产权或资本层面的交易，而非一般性的货物转让。然而，我国企业并购增值税制度设计过于简单，缺乏营业活动持续这一原则导向，没有对适格的业务转让规定实质性的判定方法，而更多地停留在业务的外在形式要件上。比如，对于构成业务的资产类型采用正列举方式，只将企业并购中涉及的货物、不动产、土地使用权排除征税，而对于专利技术、软件、著作权、域名等其他权益类无形资产并未纳入列举范围，致使执行口径难以统一。又如，对业务的概念缺乏明确界定，仅仅采用要素堆砌的方式进行解释，要求只有满足资产、债权、债务、劳动力的一并转让才符合不征税的条件。而在现实交易中，由于不同业务的构成情况有所不同，有时无法满足这四项要素的同时转移，即有可能被判定为不符合不征税条件，造成政策执行过于机械。再如，对企业并购后的营业持续缺乏必要的监督，无法保证业务得以持续运营。纳税人完全可以在转让环节将单项资产"组装"成税法所要求的外在形式，规避交易环节的增值税，而在交易完成后通过对部分要素如劳动力、债务等的"回收"，实现本质上的单项资产转让套取了业务转让的不征税待遇。

6.4.2　企业并购个人所得税制度的公平性欠佳

从主体公平的角度，同一并购业务的当事各方应采取一致税务处理原则。然而，特殊性税务处理是对缴纳企业所得税的法人股东给予的一项优惠待遇，并不适用于自然人股东，除个人以非货币性资产对外投资以及以技术成果投资入股可选择分期纳税、递延纳税外，其他情形均需在并购完成时一次性缴纳个人所得税。也就是说，在同一项并购业务中，可能出现法人股东有权选择特殊性税务处理将纳税义务推迟到处置环节，而自然人股东则需要在当期纳税，这不仅不符合企业并购的一致性税务处理原则，同时也造成了并购税制对法人和自然人的不公平待遇。相对而言，法人在资本筹集和财产变现方面显著优于自然人，具备更强的纳税能力，但并购税制却造成了纳税能力与纳税义务的"错配"。并购业务中的自然人无论是主动发起并购，还是由于公司并购行为间接导致权益变动都会触发纳税义务，这对于自然人参与企业并购构成一种"挤出效应"，容易打消其参与并购的积极性。

6.4.3 企业并购土地增值税制度的完备性不足

现行企业并购土地增值税在完备性方面还存在着两个问题。一是未明确同一投资主体内部无偿划转是否征税。同一投资主体内部企业间的划转行为兼具"无偿性"和"营业持续"的双重不课税要件，但现行政策中却未对此予以明确。实质上，投资作为一种有偿行为具备可税性，只不过考虑到最终受益主体持续而给予了排除，而集团企业内部的资产或股权划转是一种无偿行为，且能够保证最终受益主体持续，理应排除在征税范围之外。二是未明确股权转让是否征收土地增值税。土地增值税的征税前提是发生了土地、房屋权属的变更，而股权转让只是股东层面的变更，即只涉及产权所有权的变化，不涉及企业法人财产权的变化，不符合征税条件。然而，在土地增值税领域，国家税务总局曾先后三次以个案批复的方式，[①] 对以转让股权名义转让房地产的行为要求征收土地增值税，虽然此举有力地打击了"借股权转让之名，行房地产转让之实"的避税行为，防止土地增值税流失，但无论从法理层面还是执行层面，上述个案批复内容均存在着巨大的法律风险。

---

① 三个个案批复的内容详见《国家税务总局关于以转让股权名义转让房地产行为征收土地增值税问题的批复》《国家税务总局关于土地增值税相关政策问题的批复》《国家税务总局关于天津泰达恒生转让土地使用权土地增值税征缴问题的批复》。

第7章 企业并购税收制度的国际经验借鉴与启示

全球一体化发展的背景下，越来越多的跨国并购竞相涌现，这也使企业并购税收制度出现了国际趋同的趋势。许多发达国家和地区的企业并购活动发展时间较长，形成了成熟的企业并购市场体系和交易秩序，并由此建立了完备的企业并购税收制度，积累了丰富的企业并购税收征管经验。充分比较和借鉴各国企业并购税收制度的先进做法，对于完善我国企业并购税收制度具有积极的意义。

7.1 美国企业并购的税收制度

7.1.1 美国企业并购税收制度的总体情况

7.1.1.1 美国企业并购税收制度的法律渊源

美国企业并购始于19世纪末，至今已有一百多年的发展历史，美国企业并购的税收制度的形成最早可追溯到1918年美国国会颁布的《国内税收法典》（Internal Revenue Code）。其立法意图并不是出于对企业并购的鼓励，而是旨在使税收的不确定性对企业并购决策的消极影响降到最小，即保持税收的中性。此后，随着企业并购实践的不断发展，美国对企业并购税收制度进行了补充、修订和完善，包括重新界定企业并购的概念范围，细化企业并购的税收优惠待遇，强化企业并购的反避税原则等。经过一百多年的发展，美国已经形成了一套价值导向清晰，条款设计合理的企业并购税收制度体系。

从企业并购税收制度的法律渊源来看，美国企业并购税收制度的构成较为复杂，既包括《联邦税收法典》、双边税收协定、判例法以及财政规章四类正式的法律渊源，也包括国会立法报告、国税局税收裁定、税收程序、私人信函裁决以及技术咨询备忘录等辅助性法律渊源。其中，判例法规则是美国联邦企业并购税收制度的重要组成部分，作为普通法系国家，判例法是美国的主要法律渊源。因此有关企业并购的税收判例就构成了美国企业并购税收制度中的重要补充，这些判定主要集中于企业并购的股东利益持续、营业企业继续以及合理商业目这三项免税并购的适格要件上。

7.1.1.2 美国联邦税法中企业并购的类型

从美国联邦税法对企业并购的类型划分来看，总体上可以按照企业并购适用的税收待遇划分为应税并购和免税并购两大类型，但每一类型下又按照具体的业务模式划分为诸多细类，并分别明确了严格的适用要件，具体并购类型见表7－1。

表7－1 美国联邦税法的企业并购类型

应税并购	应税资产收购	应税直接资产收购
		应税法定兼并
		应税前向三角兼并
		《联邦税收法典》第338条视同应税资产收购
	应税股权收购	应税直接股权收购
		应税反向法定兼并
		应税反向三角兼并
免税并购	免税资产收购	A 型并购
		E 型并购中的前向三角并购
		C 型并购
		收购型 D 型并购
	免税股权收购	B 型并购
		F 型并购中的反向三角并购
		G 型并购

资料来源：根据 USC § 368：Definitions relating to corporate reorganizations 整理。

总体上看，《联邦税收法典》对企业并购做出了十分详细的类型界定，如果将这一分类方式与我国《企业所得税法》中对并购的分类方式进行对比的话，大部分类型存在着明显的对应关系。其中，A 型是法定兼并与合并，对应我国税法中的吸收合并与新设合并；B 型是股权置换型并购，对应我国税法中的股权收购；C 型是以股权收购资产，对应我国税法中的资产收购；D 型分为收购型和分裂型并购，前者对应的是资产收购，后者是对应的是企业分立；E 型是企业资本结构的重组，暂无明确的对应关系；F 型对应我国税法中的企业法律形式改变；G 型对应企业破产清算。

7.1.1.3　美国企业并购税收制度的价值取向

从美国企业并购税收制度的价值取向上看，主要体现为鼓励正当并购、阻止避税活动和防止企业破产三个方面。

第一，具有合理商业目的的正当并购活动是企业优化资源组合，适应市场竞争的一种必要的营业调整手段，将鼓励正当并购作为税收立法的价值取向是税收效率原则的内在要求。这种鼓励措施具体体现在免税并购的制度设计中，通过计税基础替代以及目标企业税收属性结转规则，目标企业股东可以将企业并购中产生的资本利得或利亏递延至目标企业股东未来进行应税处置时确认。而在免税合并方式下，收购企业还可以获得目标企业被收购前的有利税收属性。这些相较于应税并购下目标企业股东需在实现资本利得的当期纳税，且目标企业税收属性不可结转使用而言，更加体现出免税并购的税收待遇优于应税并购，说明美国联邦并购税制对具有正当目的的企业并购采取了鼓励的态度。

第二，税收是一国财政收入的重要来源，在企业并购税收制度中设置反避税规则是保障国家财政利益的具体体现。《联邦税收法典》中存在着大量的反避税条款，这些条款体现在许多具体的方面，如免税并购的适格要件中包含营业或资产延续的最低时间要求，多步骤交易原则中制定了旨在防止通过分步交易迂回适用免税并购的反制措施，亏损弥补结转原则中设计了限制不正当买卖有利税收属性的措施，以及跨国并购涉及控制权转移的税收管辖权维护措施等。

第三，除了鼓励正当并购和限制避税活动外，美国联邦并购税制中还体现了防止企业破产的价值取向。具体表现在两个方面，一方面是对企业并购的债务融资规模做出限制。包括限制企业杠杆性收购负债的利息扣除金额，限制高收益折扣债券的利息扣除，限制债务融资形成的净营业亏损向后结转，以此防止企业在并购中过度的债务融资所可能导致的破产风险。另一方面是 G 型并购制度中对已经进入破产程序的亏损企业实施重整或重组给予更为宽松的适格要件，同时还通过破产例外法或价值增大法增加破产企业结转使用净营业亏损的能力。这些条款的立法宗旨都是减少破产企业实施并购重组的难度，促进破产企业恢复正常生产经营，尽量避免企业破产对经济社会的危害。

7.1.2 应税并购的税收制度分析

顾名思义，应税并购是指在并购完成当期需要立即确认应税收益的并购。在应税并购中，收购方通常是以现金、有价证券或其他财产及组合作为对价向目标企业进行支付，这一交易结构不符合《联邦税收法典》中免税并购的条件，因此要求对并购中的应税收益立即确认。按照并购标的的类型进行划分，应税并购又可具体分为应税资产收购和应税股权收购两种方式。

7.1.2.1 应税资产收购

应税资产收购是指收购方通过向目标企业支付现金、有价证券或其他财产以收购目标企业全部或部分资产的并购交易。如果收购方只是收购目标企业部分资产，则收购完成后目标企业继续存续；如果收购方收购了目标企业全部或几乎全部资产，则收购完成后目标企业需要清算，并将出售资产的收益向其股东分配。

根据应税收益的分配情况以及目标企业的存续情况，美国联邦税法中的应税资产收购又可以细分为三种类型，具体类型及税收待遇见表7-2。

表7-2 美国联邦税法下的应税资产收购

类型	具体情况	目标企业税收待遇	目标企业股东的税收待遇
目标企业存续且不分配	目标企业出售资产后将出售收益保留在目标企业	目标企业确认资产出售收益或损失	无须进行税务处理
目标企业存续且分配	目标企业出售资产后将出售收益分配给股东	目标企业确认资产出售收益或损失	属于财产（股利）分配，股东确认普通收益或损失；属于股票回赎或部分清算，股东确认资本利得或利亏
目标企业清算	目标企业出售全部资产随后完全清算	目标企业确认资产出售收益或损失	股东确认资本利得或利亏；如果股东属于控股母公司，构成子公司完全清算，母公司可以不确认收益或损失

除上述三种应税资产收购外，《联邦税收法典》第 338 条还规定了一种"视同应税资产收购"[①] 的并购方式。当收购企业以现金、有价证券或其他财产作为对价直接向目标企业股东收购目标企业股权时，如果符合特定条件，收购企业可以选择将这种股权收购视为收购企业按照目标企业股权的价格收购了目标企业的资产，随后目标企业又向收购企业进行了资产的回购。前述所称的"特定条件"要求收购企业在 12 个月内收购目标企业有表决权股份总数至少 80% 和所有其他类别股票总数至少 80%，也就是在收购完成后，目标企业需要成为收购企业的受控子公司。"视同应税资产收购"是一个协调分歧的有效机制，它为收购企业和目标企业及其股东提供了更多灵活的选择。在通常情况下，收购企业更倾向于收购目标企业的资产而非其股权，因为资产收购可以有效地将目标企业收购前的债务进行剥离，而只取得其营业所需资产。另外，收购企业还可以按照一个递增的税基确认其所取得的目标企业的资产，从而获得更大的折旧或摊销抵减所得；而目标企业及其股东更希望出售的是股权，因为这样就可以通过股权转让将目标企业债务转移给收购企业，而且股权收购仅产生目标企业股东层面的税收，而不是目标企业及其股东两个层面的税收。"视同应税资产收购"可以有效地满足双方的需求，在形式上按照应税股权收购进行架构，但可以产生应税资产收购的税收效果。

在应税资产收购中还存在一项特殊的协调机制，即资产确认与价值分摊规则。出于税收利益最大化的考虑，收购方和转让方都必然会考虑标的资产和收购对价的分摊问题。因为不同属性的资产对应的税收待遇不尽相同，对于短期性资产通常无法进行折旧和摊销，长期性资产则具备这一抵税功能；对于可辨认资产通常允许在使用或转移环节扣除成本，而对于商誉等不可辨认的无形资产，有时只能在企业整体转让时扣除。特别是美国长期资本利得相较短期资本利得可以享受更多的税收优惠，因此对收购标的的确认及其价值的分摊具有重要的税收利益。针对这一问题，美国联邦税法采用"剩余分摊法"[②] 对资产价值分摊所可能产生的不当税收利益进行适当的限制。在该方法下，资产按照流动性和可辨认性被划分为四类：第一类是现金、银行存款或类似货币性资产；第二类是银行存单、美国政府债券及易于变现的股票

---

① Kimbell-diamond Milling Co., v. Commissioner, 14 T. C. 74 (1950), aff'd per curiam 187 F. 2d 718 (5ᵗʰ Cir. 1950), cert. denied 342 U. S. 827 (1951).

② I. R. C. § 1060 (a)。

或债券；第三类是除商誉和持续经营价值以外的其他资产；第四类是商誉与持续经营价值。在具体的价值分摊时，首先以第一类资产的公允价值为限进行分摊，其次将剩余价值按照第二类资产收购日的公允价值进行分摊，如果还有剩余则继续按照第三类资产在收购日的公允价值进行分摊，最后的剩余价值全部分摊给第四类资产。而在第一二三类资产内部进行价值分摊时，均按照每一项资产公允价值的比例进行分摊。剩余价值分摊法兼顾了成本计算的确定性和税前扣除的合理性，且可操作性强，有利于收购企业合理确定资产的计税基础。

7.1.2.2　应税股权收购

应税股权收购是指收购方通过向目标企业股东支付现金、有价证券或其他财产以收购目标企业股权，并实现对目标企业控制的并购交易。应税股权收购具体分为应税直接股权收购、应税反向法定兼并和应税反向三角兼并。

其中，应税直接股权收购是指收购企业以现金、有价证券或其他财产为收购对价直接从目标企业股东处收购目标企业的股权，并实现对目标企业的控制。与 B 型并购不同，应税直接股权收购并不满足 B 型并购的对价支付要求，无法实现被收购企业股东成为收购企业股东的目的。在实践中，收购企业采用应税股权收购而不采用 B 型并购的主要原因是为了避免其控制权的分散或稀释。在应税股权收购中，目标企业股东在出售目标企业股权时需要确认收益或损失（资本利得或利亏），目标企业本身不确认任何收益或损失，其资产中的税基、税收属性（包括净营业亏损）均保持不变。对于收购企业来说，在交易中可能涉及应税问题，比如其使用了其他增值（或减值）的财产作为收购对价，需要确认财产转让的收益或损失，而收购企业取得目标企业股权的税基就等于收购中支付的对价金额。

应税反向法定兼并与反向法定兼并的交易架构基本相同，其交易方式是收购企业和目标企业根据州法进行兼并，交易完成后，收购企业清算解散而目标企业继续存续，目标企业接受收购企业的财产后（现金、证券或其他财产），以此回购目标企业股东持有的目标企业的股份，并将这些股份作为对价支付给收购企业并作为收购企业向其股东进行剩余财产分配的标的。

应税反向三角兼并与反向三角兼并重组的交易架构基本相同，收购企业以现金、证券或其他财产等新设一家收购子公司（或利用原有子公司），收购子公司兼并入目标企业，收购子公司将其财产（现金、证券或其他财产）转移到目标企业后，目标企业以这些财产回购目标企业股东所持有的目标企业的股份，并将回购后的股份作为对价支付给收购子公司满足其向股东进行清算分配的要求。

7.1.3　免税并购的税收制度分析

7.1.3.1　免税并购的类型

《联邦税收法典》对免税并购的分类十分详细，根据法典第 368 条的规定，可以分为 7 种类型，并按照字母顺序依次编号为 A、B、C、D、E、F、G 型并购。

A 型并购包括法定兼并和法定合并。前者是指根据州法，收购企业收购目标企业全部资产和负债，目标企业法人人格消亡，收购企业继续存续，实质上就是通常所谓的吸收合并。后者是指根据州法，两个或两个以上参与合并的企业合并为一个新企业，参与合并的所有企业消亡，实质上就是通常所谓的新设合并。对于法定兼并，根据兼并对价支付方的不同，又可以分为前向三角兼并（forward triangular merger）和反向三角兼并（reverse triangular merger）。在前向三角兼并中，收购企业使用其控股企业的股票作为对价收购目标企业的全部资产负债，导致目标企业不再存续，交易完成后，目标企业股东取得了收购企业的控股企业的股票，形成了对收购企业的间接控股。在反向三角兼并中，目标企业股东将其股票转移给目标企业用于对价支付，目标企业将其自身全部资产以及其股东的股票整体为对价支付给收购企业，收购企业再以目标企业股东的股票作为对价从其自身母公司处回购股票，并将回购的股票支付给目标企业，目标企业将取得的收购企业股票分配给股东并完成清算。

B 型并购是指收购企业发起的收购中仅使用其本身或其控股企业全部或部分表决权的股票交换目标企业的股票，以实现对目标企业的控制，实质上就是所谓的股权收购。B 型并购与 A 型并购最大的区别在于不允许使用无表决权股票以及在交易完成后目标企业不解散。当收购企业在收购中使用的是其控股企业有表决权的股票时，就构成了三角 B 型并购。

C 型并购是指收购企业发起的收购中仅使用本身或其控股企业全部或部分表决权的股票交换目标企业几乎全部资产。其中，几乎全部资产是以目标企业总资产的70%和净资产的90%作为标准，并且所使用的有表决权的股票要达到收购标的公允价值的至少80%，也就是说收购对价中最多20%可以是现金或其他财产。C型并购与B型并购相比，唯一的区别是收购标的是目标企业的资产而不是其股票。C型并购与A型并购类似，只是在C型并购中只要求"几乎全部"资产，而不是A型并购中的全部资产，另外，对价支付中要求达到至少80%的收购企业股票，而不是A型并购中的至少50%。

D型并购是指一家企业将其资产的全部或部分转让给另一家企业，如果在转让完成后，转让方或其一个或更多的股东立即控制资产的受让方，这类并购就是D型并购。《联邦税收法典》将D型并购分为收购型和分裂型两种。如果资产转移方转移了几乎全部资产并进行清算，则这种D型并购具有收购交易的性质，称为收购型D型并购；如果资产转移方必须在比例分配型企业分立（spin off）、换股型企业分立（split off）以及股权分割型企业分立（split up）3种分裂型交易中分配目标企业的股票或证券，因这种并购具有分裂性质，故称之为分裂型D型并购。收购型D型并购与C型并购具有相似之处，两者都涉及目标企业向收购企业转移"几乎全部"资产且立即清算解散，二者的差异主要体现在对股东利益持续的具体要求上，C型并购需要使用表决权股票为对价，且对其价值量的要求为80%，而D型并购通过"控制"实现股东利益持续，这种控制既可能是在并购中产生的，也可能是在并购前就已经存在的。分裂型D型并购中的比例分配型分立与换股型分立，均不会导致分立企业丧失法人人格，因此统称为存续分立，而股权分割型分立会导致分立企业立即丧失法人人格，因此称为解散分立。

对于E型并购，《联邦税收法典》并没有对其进行进一步的解释，只是明确E型并购是一个资本重组（recapitalization）。在普通法判例中，[1] 法官对这一类型的并购进行了解释，E型并购实质上是对一个已经存在的企业内部资本结构的变化、调整，通常不涉及企业所有者权益总额的变化，只是企业内部资产、负债及权益形态的改变，也不涉及企业法律主体的变化。具体表现形式包括债券交换股票、债券交换债券、股票交换股票、股票交换债券以及其他债务重组等。

---

[1]　Helvering v. Southwest Consolidated Corp., 315U. S. 194（1942）。

F 型并购仅仅是企业的组织身份、形式或地址的一个改变，不会影响股东所有者权益的变化。

G 型并购就是一个企业在破产案件或类似程序中，转移全部或部分资产至另一家企业，但作为重组计划的一部分，该企业收到的收购企业的股票或证券必须被分配给其股东或证券持有人。

7.1.3.2　免税并购的适格要件

免税并购可以产生税款递延的效果，因此出于鼓励真实并购，防止避税并购的目的，美国联邦税法对免税并购设定了相对严格的适格要件，只有符合这些条件，才能够适用免税并购的税收待遇。从企业并购的经济实质出发，如果一项并购行为所产生的唯一的法律结果是使得目标企业的原股东对目标企业的投资利益（股东利益）得以继续，即目标企业股东对企业营业的投资利益在并购前后的企业中都得以持续存在，那么这项并购行为就不是一项交易，而只是一种营业调整，可以适用免税并购的税收待遇。为满足这一营业调整的内核要求，需要满足具体的 3 个条件。

首先是要满足股东利益持续规则。这一规则所要求的实质是目标企业的所有者权益价值的一个重大部分在并购中要得以保留。具体包括股东利益持续的数量要求、质量要求、持续时间要求和远端利益持续要求。在具体的税收判例中，还形成了"分步交易规则"，其实质就是把为了一个商业目的而构建了多步交易的并购业务根据实质重于形式原则合并为一项整体交易，税务机关会通过有约束力承诺测试、相互依存测试以及最终结果测试等多种方式对分步交易的整体性进行考核。

其次是要满足营业企业继续规则。这一规则的实质是在一个并购交易完成后，被收购企业的营业或资产在新的企业实体下得以继续，而不得将该营业或资产在并购交易后予以出售。营业企业继续规则具体会从营业继续和资产继续两个方面进行判定。其中，营业继续是要求收购企业在并购完成后继续从事目标企业的历史性营业，历史性营业是最近所从事的营业，而不包括作为并购计划的一部分而开始的新的营业。资产继续是要求收购企业在一个营业中使用目标企业历史性资产的一个重大部分。

最后是要满足营业目的规则。营业目的规则要求企业并购必须具有合理的营业目的，不得作为一个避税工具。也就是说，并购交易不能仅仅为了达到减少税收为目的，需要考察除了税收动机外，是否存在一个实质性的、重大的营业目的。美国属于普通法系国家，判例法是美国法律的重要立法渊源，营业目的合理性的判定大多采用"遵从先例"的原则，主要围绕着并购方是否获得了税收利益，被并购企业在并购后是否保持营业继续，并购所产生的经济效益与税收效益的比较情况以及并购交易的设定方式是否经济可行等因素进行综合判定。

7.1.3.3 免税并购的税收待遇

美国联邦税法对免税并购采取递延纳税、税基平移的税收处理方式，同时对目标企业的税收属性在符合条件时可以进行结转。

首先是转让企业递延纳税待遇。在免税并购下，目标企业及其股东在并购交易发生时并不需要确认收益或损失，而是可以将所得或损失递延至未来丧失股东利益持续原则的出售或处置环节进行确认。如果在并购交易中，收购方向目标企业或其股东支付了额外对价，即现金、有价证券或其他财产，则需要根据额外对价的市场价值在交易完成时确认所得或损失。美国联邦税法采用了额外对价优先纳税原则，不是按照额外对价占全部对价支付总额的比重按比例确认应在当期实现的所得，而是以额外对价为限（但不超过并购交易的全部所得）确认应优先纳税的所得。

其次是收购标的税基平移待遇。由于适用了递延纳税，转让企业的所得或损失没有当期确认，因此收购企业取得被收购企业资产或股权的成本税基保持不变。除非转让方对额外对价部分确认了所得或损失，才需要对成本税基进行调整。税基平移待遇实际上与递延纳税待遇是"姊妹关系"，二者共同构成了免税并购税收待遇的基本规则。

最后是目标企业税收属性结转待遇。税收属性主要包括目标企业的净营业亏损、税收优惠待遇、外国税收抵免、投资收益抵免等有利的税收因素。在 A 型、C 型、D 型、F 型或 G 型并购下，如果满足相应的条件，收购企业将承继目标企业的各种税收属性，这其中最为重要的就是净营业亏损结转待遇。根据股东利益持续理论，亏损企业的原股东既是亏损的实际承担人，也是亏损结转利用的受益人，因此在适用免税并购规则时，允许亏损企业的原股东对可结转利用的亏损继续保留受益人权利，并且这一亏损结转原则上不应受到任何限制。然而，为了遏制以买卖亏损企业净营业亏损为动机的避税型并购，美国联邦税法对并购后的收购企业在目标企业并购前的净营业亏损利用方面加以限制。根据联邦税法规定，收购企业在并购后可利用净营业亏损的年度冲抵限额为所有权变动前的目标企业价值与联邦长期免税利率的乘积，所有权变动前的目标企业价值不得包括所有权发生变动之日前两年期间内缴付的资本价值以及杠杆收购中目标企业用于回购股份的资产等。除了对净营业亏损的结转有具体的规则外，美国联邦税法还对税收优惠待遇、外国税收抵免、投资收益抵免等有着具体的结转使用规则。

7.1.4　跨国并购的税收制度分析

7.1.4.1　跨国并购适用免税并购待遇的情形

跨国并购是一种极为复杂的企业行为，跨国并购的税制安排也极易成为企业从事避税活动的工具，特别是当一国给予跨国并购免税待遇时，经过企业的避税操作，极有可能把本应享受递延纳税待遇的并购交易变成了实质上享受税收永久性豁免待遇的交易。因此，大多数国家没有对跨国并购开放免税并购待遇，而作为企业并购税收制度最为完备的美国，则对跨国并购设置了有条件适用免税并购待遇的具体规则。

《联邦税收法典》规定，美国目标企业向国外转移有形财产时，符合下列条件可以适用免税并购待遇：一是外国收购企业在境外从事积极性营业活动；二是境外收购企业收购的目标企业的有形财产必须用于其积极的营业活动；三是持有美国目标企业 80% 表决权股份与其他股份的美国企业不得超过 5 个；四是转让的有形财产不属于存货等易于避税的有形财产；五是在收购标的资产后的 6 个月内，外国收购企业不得向第三方转移标的资产。只有同时符合上述五项条件，该项跨国并购才可以适用免税并购待遇，否则只能按照应税并购规则，在财产转移的当期按照公允价值确认财产转让的收益或损失。

7.1.4.2　跨国并购适用免税待遇的限制性规定

为了防止转移至境外的标的资产因享受加速折旧政策而造成未来处置环节较大的收益在境外实现，以及为避免普通所得与资本利得的混同问题，美国联邦税法对美国目标企业向外国收购企业转移已提折旧资产，即便符合免税并购条件，仍然需要对资产折旧部分形成的收益进行划分，并分别适用不同的税收待遇。具体而言，对标的资产转让收益需要划分为因加速折旧而超额提取的折旧金额和资本利得两个部分。其中，对因加速折旧而超额提取的折旧金额需要在当期按照普通所得课税，即"折旧取回规则"；而对于剩余部分如果属于长期资本利得，可以享受免税待遇。如果标的资产同时在美国境内和境外使用，允许按照美国境内使用时间对折旧金额进行分摊并作为普通所得课税。通过"折旧取回规则"的设置，防止并购方通过并购交易将过多的折旧收益混同长期资本利得而享受免税待遇，同时也保证了在免税并购下美国享有税收管辖权。

除"折旧取回规则"外，美国联邦税法还设置了"亏损取回规则"，这一规则主要为了防止美国目标企业将已经享受完亏损弥补的外国分支机构转移给外国企业，而未来这一分支机构盈利时其税收管辖权不再由美国掌握从而导致税收利益损失。具体来说，当美国目标企业通过免税并购向外国收购企业转让已享受亏损弥补的外国分支机构财产时，必须按该分支机构原已弥补的亏损总额在资产处置收益的限额内按性质确认为应税所得。该笔所得的性质及税收待遇取决于其所弥补亏损的性质，如果弥补的是普通经营性亏损，那么这笔所得属于普通所得；如果弥补的是长期资本利亏，那么这笔所得属于长期资本利得。由于取回的亏损属于美国境外所得，因此允许其抵免外国企业境外已纳税款。

为了防止通过跨国并购规避美国受控外国企业的立法管制，美国联邦税法规定，当外国收购企业通过免税并购收购美国一家受控外国企业时，如果对目标企业直接或间接持股10%的美国股东因此丧失股东资格，则目标企业全部累计留存收益中归属于美国股东转移股份对应的部分应立即确认为股息所得，并按照普通所得课税。

在跨国并购中，通过债务融资实现资本弱化避税的问题严重影响着一国的税收收入，对此美国建立了资本弱化的反避税规则加以限制。美国采用安全港规则，对关联债权性资本与权益性资本（以下简称"债资比"）设定了倍数关系，其标准为1.5倍，如果纳税人实际的债资比高于这一比例，对于超过标准部分的债务利息永久不得税前扣除。这一规则主要针对的是美国的关联非居民股东，在界定受限对象时，主要根据直接或间接参股最低水平来判定是否构成关联关系，美国的安全港规则仅适用于直接或间接参股达到50%以上的非居民股东，受限的债权性融资包括境内企业从其境外关联企业或非居民股东取得的以贷款名义的长期投资、混合性融资以及无关联第三方的有追索权的贷款等。

7.2　日本企业并购的税收制度

7.2.1　日本企业并购税收制度的总体情况

20 世纪 90 年代，随着经济泡沫的破灭，日本经济陷入严重危机，为了克服经济危机和适应经济的全球化进程，日本政府通过调整税收法规以促进企业并购重组支持企业的转型和发展。2001 年日本迎来税制改革，企业并购税收制度就是在这一轮税制改革中构建起来的，经过逐步的修订与完善，日本颁布了《公司并购免税重组规则》。这部并购税收法律制度具有浓厚的制定法传统，强调法律原则的贯彻，并试图穷尽并购相关的所有法律事实。由于日本税制是以直接税为主，间接税及其他税收制度为辅的税制结构，因此其并购税收制度也突出所得税的主体地位，而且除了法人税之外，日本并购税制中对个人所得税的强调力度也明显高于其他国家和地区。

从日本并购税制的总体框架来看，第一是按照交易结构对并购业务进行分类。日本将并购业务分为兼并和收购两大类，并对收购业务进一步细分为资产收购和股权收购。另外，为适应全球化进程，满足跨国企业并购的需要，日本还专门针对跨国并购明确了具体的税收处理规则。第二是根据并购主体的交易行为明确税收待遇。具体体现在并购主体适用的会计处理、应税所得的确定、税收亏损的弥补、税收属性的承继与结转使用、纳税申报的程序、自然人课税规则等几个方面。第三是将企业并购的税收待遇区分为符合条件的并购（qualifying merger）和不符合条件的并购（non-qualifying merger）。在税制改革前，日本税法对企业并购行为原则上都是免税的，仅当产生资产增值溢价时才需要课税，但 2001 年税制改革后，对于企业并购原则上都是应税的，只有满足特定条件才适用免税待遇。

7.2.2　应税并购的税收制度分析

7.2.2.1　应税资产收购

对于应税资产收购，遵循所得税一般性课税原则，资产的转让方需要按照所转让资产的公允价值和计税成本的差额确认资产转让所得或损失，由于日本没有开征资本利得税，因此资产转让所得应并入普通所得中课税。对于资产收购方而言，其收购的资产可以按照公允价值作为计税成本。比较特殊的是，在业务收购中，收购方收购具有持续经营属性的业务时，对收购价格明显超过计税成本的部分应确认为商誉，该商誉可以分期入账并在不低于 5 年内摊销，但单纯的资产收购中不得确认商誉。如果收购方收购的是不符合持续经营属性的资产，负商誉可以在再次出售该资产时计入应税所得，从而获得递延纳税的效果。日本并购税法中没有对概括性取得多项资产如何分配资产税基作出明确规定，通常是按照每项资产的公允价格进行确认即可。此外，日本并购税法对于非货币实物投资行为要求按照资产收购的税收规则进行处理，根据分解原理，非货币实物投资视同转让了非货币实物资产和对外投资同时发生，由于涉及非货币实物资产的所有权转移，因此需要确认转移环节的收益或损失。

7.2.2.2　应税股权收购

日本并购税法对股权收购的价格具有明确的规范，要求由股权收购方按照公平的市场价格加上收购过程中的相关费用对所收购的股权进行估价，并根据这个价格确认其取得股权的计税成本。对股权的转让方而言，其取得的股权转让价格与股权原计税成本的差额就是股权转让收益或损失，转让收益按一般所得课税，而对于转让价格明显低于计税成本所形成的转让损失，一般视为捐赠支出，按法定限额进行税前扣除。如果股权转让方是自然人股东，允许就同一年度内的股权转让所得与股权转让损失进行盈亏互抵，如果相互抵销后仍为损失，不得向以后年度结转扣除。应税股权收购不改变被收购企业原有的税收属性，税收待遇不会发生转移。

7.2.2.3　应税兼并

日本并购税法将兼并行为分为符合条件的兼并和不符合条件的兼并，所要求的条件包括预计兼并完成后的持股比例、兼并后的企业规模、雇员的安排以及资本机构等量化指标。应税兼并属于符合条件的兼并，兼并方可以按照市场公允价值确认其所兼并入的各项资产和负债的计税成本，对于雇员安排可以视情况进行接管。被兼并企业及其股东面临着两个环节的税收问题，其中，被兼并企业需要根据资产的公允价值与原计税成本的差额确认收益或损失，而兼并完成后，被兼并企业解散清算中向股东进行分配，股东取得的股权的公允价值与投资成本之间的差额，作为股东层面的收益或损失处理。

7.2.3　免税并购的税收制度分析

7.2.3.1　免税资产收购

日本并购税法对适用免税并购的资产收购按照资产转让方与受让方的关系区分了三种不同情况。一是转让方与受让方构成100%的母子公司关系，在此种情况下，只要转让方获得的是受让方的股份支付，直接适用免税并购待遇；二是转让方对受让方持股比例超过50%但低于100%，在保证收购对价为股份支付的前提下，适用免税并购还需要满足三个附加条件，即受让方要保证资产经营的连续性，与资产相关的80%以上的雇员需要由受让方承继，与资产相关的负债也需要一并转移；三是转让方对受让方的持股比例低于50%，此时适用免税并购也需要满足三个条件，即转让方原80%以上的股东需要持有受让方的股权，转让的资产必须与受让方的经营业务有关，转让方的营业额、员工数量不得超过受让方的5倍。符合免税并购的资产收购业务，转让方在交易完成时不确认收益或损失，受让方取得资产的计税成本平移，转让方原计税成本不变，转让方未来再次处置受让方股权时再进行征税处理。

7.2.3.2　免税股权收购

日本并购税法中的免税股权收购分为股权交换和股权转换两种方式。股权交换是指两个现存的企业通过股权的交换形成母子公司关系，而股权转换是指现存企业的股东将股权转让给新的企业，并使新企业成为目标企业的母公司，现存企业换取新企业的股权。只要两种方式下目标企业股东所取得的对价均为收购企业的股票，就可以适用免税并购待遇，如果对价中包含现金、债券等其他对价，则需要确认相应的并购收益或损失，并对股权的计税成本进行对应调整。

7.2.3.3　免税兼并

当兼并完成后的持股比例、兼并后的企业规模、雇员的安排以及资本结构等量化指标达到日本并购税法中的适格要求时，一项兼并可以适用免税并购的税收待遇。特别是对雇员安排问题上，日本并购税法独具特色，要求兼并企业必须接管至少80%以上被兼并企业的员工，才可以适用免税并购待遇，体现了日本企业人事制度的典型特征。在免税兼并中，目标企业不确认收益或损失，兼并方需要按照资产、负债的原账面价值作为计税成本。日本并购税法中也有亏损结转弥补的规则，但对集团企业内部的企业之间如果想进行亏损结转弥补，需要进行"联合业务测试"，以防止通过利用亏损结转弥补实现集团关联企业之间的避税目的。

7.2.4 跨国并购的税收制度分析

为了鼓励日本企业参与跨国并购，以提升企业自身竞争力和资本输出国的国际收支能力，日本政府对参与跨国并购的本国母公司给予很大的税收优惠措施。主要包括税收抵免和海外投资亏损准备金制度。日本企业进行跨国并购时，只要对海外子公司的持股比例超过25%，就可以申请税收抵免优惠政策，在计算税收抵免的额度时，可以将海外投资的亏损进行扣除，这等于增加了企业的税收抵免额度，降低了日本企业跨国并购的税收成本。另外，日本采用海外投资亏损准备金制度，对跨国企业的并购亏损进行一定的补偿，具体做法是由政府和企业按照比例共同建立亏损准备金，形成政府与企业的风险共担机制，当企业跨国并购产生亏损时，可以由该笔亏损准备金进行一定程度的弥补，以此降低企业海外并购的风险，促进跨国并购的完成。

7.3 其他西方发达国家企业并购的税收制度

7.3.1 应税并购的税收制度分析

7.3.1.1 应税资产收购

从适格条件来看，凡不符合免税并购条件的资产收购均为应税资产收购，从税收待遇上来看，在应税资产收购下，转让方应在交易完成当期确认资产转让收益或损失，收购方按照市场公允价值确认所收购资产的计税成本，在这些问题上西方发达国家的并购税制没有明显的不同。但是，由于历史、文化、经济、法律、税制等方面的差异以及政府政策导向的不同，各国应税资产收购的税收制度存在着一些差异性规定。

在德国，资产收购中转让方的税收待遇与其身份密切相关，如果转让方是公司法人，应按照实现的资本利得计算纳税，对于居民企业转让其使用 6 年以上的固定资产、土地、建筑物等，还可以额外享受 2 年内延期纳税的待遇；如果转让方属于合伙企业的法人合伙人，也需要按照实现的资本利得纳税；如果转让方是合伙企业的自然人合伙人，应按规定缴纳个人所得税，而自然人的年龄超过 55 岁或者属于永久丧失工作能力的居民，则可以享受减半征收个人所得税的待遇。另外，德国对资产收购价格明显高于资产评估价值的部分要求确认为商誉，并允许在 15 年内进行摊销。

在荷兰，纳税人更倾向于选择资产收购，因为应税资产收购可以给收购方带来计税基础增加所形成的税前抵扣的优势，而且对于整体性的资产收购，荷兰税法要求将收购溢价确认为商誉，并且可以在 5 年内摊销，均可以加大税前扣除的金额。此外，荷兰税法对资产收购中的融资利息扣除没有限制，而对股权收购的融资利息扣除则有扣除的限额要求，因此，通过举债融资方式进行资产收购还可以享受利息充分扣除的优势。

在加拿大，如果资产转让方的转让标的是土地和商誉，能够享受减半征税的待遇，因此转让方有动机将转让价格更多分配到这两项资产之上；对于收购方，其取得的商誉只能按照 75% 的价值进行摊销，因此收购方更倾向于将收购对价分配给土地、建筑物等可折旧摊销资产之上。由于存在收购方与转让方之间的利益博弈并且对税收产生直接的影响，因此加拿大税法赋予税务当局有权从中进行价格协调和调整的权利。

7.3.1.2 应税股权收购

应税股权收购中主要涉及股权的转让方和收购方双方的税收待遇确定问题。通常的原则是转让方就股权转让形成的收益或损失当期确认纳税，收购方按照公允价值确认股权的计税成本。

在德国，政府鼓励长期投资而非短期投机的政策意图在其应税股权收购的税收制度中体现得较为显著。如果是一家德国的居民企业，其转让的股权不是在并购中取得的，只要持有时间超过 1 年就可以享受免税；如果转让的股权是在并购中取得的，则必须持有时间超过 7 年才能享受免税。如果是德国的居民个人转让股权，享受免税的持股时间要求是 12 个月。另外，受益于德国税制中存在对自然人和法人避免双重征税的规则，德国企业和个人发生并购的税收成本相对较低。

在荷兰，法人股东适用参股免税规定，自然人股东如果持股比例超过

5%就会被认定拥有重大利益，需要缴纳个人所得税。应税股权收购能够为收购方带来一定的税收利益，主要表现在目标企业的净营业亏损等税收属性不因股权的变动而变化，只要在集团内部，这些税收属性均可继续延续。另外，收购方通过债务融资方式筹措并购对价所产生的债务利息可以在税前扣除。但是，荷兰税法对商誉价值不允许摊销。

在加拿大，股权转让收益属于资本利得，需要缴纳资本利得税，转让方也可以选择按推定股息处理，前者的税率在20%~25%，后者的最高税率为33%。资本利得和股息之间还存在打通机制，如果目标企业发生回购股份，通常股东收回的金额超过出资额的部分为股息所得或推定股息，如果这一差额小于零，则构成了资本损失，加拿大税法允许资本损失可以冲抵股息或推定股息。另外，加拿大并购税制中还有一项特殊规定，对于100%的股权收购可以产生与资产收购相同的效果，即收购方可以承继目标企业所有的税收属性。

7.3.2 免税并购的税收制度分析

7.3.2.1 免税并购的条件设定

对于建立了免税并购税收制度的国家，其免税并购的适用条件从总的原则上来看是一致的。各国并购税制均以"股东利益持续"为核心，判定一项并购交易是否可以保持企业的所有者权益不发生重大变化，据此给予免税待遇。但在股东利益持续的判定要件上，各国存在着一些差异。

在法国，适用免税并购的兼并交易需要满足非股权支付额不超过交易总价的10%，否则即认为破坏了股东利益持续，需要按照应税并购处理。在荷兰，免税资产收购的模式是以资产换取股权的交易架构，而免税股权收购的模式要求收购的股权比例不得低于对方企业全部股权的50%，且其对价支付中要有不少于90%的表决权股份构成。在德国，免税并购要满足两个比例符合要求，一项是股权收购比例要达到目标企业50%以上表决权的股份，另一项是现金支付比例不得超过收购对价总额的10%，此外，对于符合条件的企业法律形式改变、企业法人性质转变、企业内部资产和股份的转移也可以适用免税待遇。其他一些欧盟国家对股权支付的要求有所变通，只要对价支付中的股份在价值、类型和功能上与收购的目标企业股票具有同一性，即便未达到50%以上的表决权比例，也可以适用免税并购待遇。

　　英国对于股权收购适用免税并购待遇则有着特殊的规定，通常来说，以现金方式进行股权收购是无法满足免税并购条件的。但根据英国税法规定，如果能够满足大宗股票出售的豁免条件，即便采用现金支付方式，转让方也可以享受免税待遇。豁免条件具体包括三项内容：一是要求目标企业的法人股东对目标企业股份有一个相对大量的长期持有，在股权转让前 2 年的连续12 个月内，目标企业股东对目标企业拥有一个 10% 以上的股份持有；二是要求目标企业法人股东的身份在出售股权的前后没有明显改变，均需要成为一家贸易公司或贸易集团的成员，也就是要构成股东身份的牵连性；三是要求目标企业本身也必须在并购前后是一家贸易公司或贸易集团的成员，以保证股东利益持续的附着性。

7.3.2.2　免税并购的税收待遇

　　从目标企业的股东层面来说，适用免税并购意味着无须确认并购交易中的收益或损失。根据欧盟国家并购税制的通行规定，免税并购的适用主要就是对目标企业的法人股东和自然人股东而言的，对于经营者个人以外的个人股东和非营利组织转让股份通常是免税的，除非其拥有的股份数量过大。在法国，对免税并购中的额外对价设定了双重限制，就目标企业股东而言，其在免税兼并中通过换股取得的现金对价不得超过股票价值的 10%，如果是法人股东，还不得超过其资本利得的 10%。只有符合这些条件，目标企业股东才仅需就现金对价部分确认资本利得，并在当期纳税，否则目标企业股东需要就全部的资产出售收益确认为资本利得，并按照应税并购待遇纳税。

　　为充分体现税收中性原则，法国、德国等西方国家的并购税制赋予了目标企业股东选择适用税收待遇的权利，即目标企业股东有权利放弃享受免税待遇，而按照应税待遇进行处理。其中，德国并购税法规定，当事各方只要协商一致，可以选择适用应税并购或免税并购。如果选择应税并购则需要由目标企业股东确认资产或股权的处置收益，但并购标的的计税成本也会发生改变；如果选择免税并购，目标企业股东除非取得了现金对价否则无须当期纳税，但并购标的也需要延续其原来的账面价值作为计税成本。

　　从目标企业的层面来说，关键问题是目标企业税收属性的结转待遇。由于目标企业的税收属性结转可以带来丰厚的税收利益，因此成为最容易被企业利用的规则，特别是目标企业的净营业亏损，有时可能会构成企业并购的主要动机。为了防止利用目标企业有利税收属性避税，包括欧盟各国、加拿大、澳大利亚等西方国家，都对目标企业的净营业亏损结转问题进行了限制性规定。西班牙税法规定，只有在合并和分立业务中，目标企业彻底解散或清算，收购企业才可以获得目标企业的税收利益，相当于对税收属性结转使用所适用的并购情形进行了限制。德国税法规定，只有在免税合并下才存在目标企业税收属性的结转使用，并且合并企业还需要满足一个长期持续运营被合并企业业务的条件。即合并企业需要在合并后的 5 年内在一个可比规模下（由税务机关按照资产总额、销售收入、员工数量等确定），继续经营存在亏损的目标企业的经济业务，如果 5 年内发生股权的转让或者由于资本注入等导致不再符合股东利益持续，则亏损结转弥补的利益需要进行追回处理。

在英国，目标企业税收属性的结转问题十分复杂。英国税法认定，企业并购会导致集团企业内部结构的改变，因此在对税收属性的结转使用问题上，英国税法更多基于企业集团层面进行规范。具体分为两种情况，一种是构成"亏损减免集团"，当母公司持有子公司 75% 以上的股份时，母子公司便构成了亏损减免集团，对于集团内部企业形成的营业亏损可以在集团内的母子公司之间进行转移；另一种是构成"资本收益集团"，如果母公司持有子公司至少 75% 的股份，子公司持有孙公司至少 75% 的股份，此时母、子、孙公司便构成了资本收益集团，在这个集团内资产可以实现免税自由转移，但资本收益和亏损不得转移。

7.4　借鉴与启示

7.4.1　适度加大税收对企业并购的支持力度

税收中性是西方税收学界所倡导的税收原则之一，其核心在于建立以不干预市场经济运行，平等对待一切纳税人为目标的税收制度。倡导税收中性的目的是要避免税收对市场机制的干扰和扭曲，而让市场在不扭曲或不受干扰的条件下调节整个经济活动的运行。税收中性原则在西方发达国家的并购税制中主要体现在免税并购的适用条件和税收待遇方面。虽然各国并购税制均强调对税收中性原则的遵循，但作为服务于经济发展需要的税收制度，无时无刻不体现和承担着对支持产业结构转型调整、促进企业做大做强等公共职能，可以说企业并购税收制度是政府积极培植企业的重要政策工具，而绝不是一个完全中性的旁观者。

以美国为例，美国联邦税法最初在出台免税并购税收规则时的确努力维持税收中性。起初免税并购只适用于兼并或合并，但随后美国国会不断扩大免税并购的适用范围，并对不同类型的并购规定了不同的适用要件，特别是对某些并购给予了更为宽松的政策适用，这些都体现了美国并购税制的价值取向。1918 年的《经济复兴税收法案（ERTA）》以及特朗普政府的税收改革法案中有关企业并购税收制度的修改与完善，都是为了通过税收上的鼓励性措施，促进美国企业并购重组，有效地刺激美国经济的复苏。可以说，各国并购税制均存在对税收中性原则的适度偏离。

2008 年我国企业所得税法正式进入"两税合一"时代，随后出台的《财政部 国家税务总局 关于企业重组业务企业所得税处理若干问题的通知》（财税〔2009〕59 号）标志着我国企业并购税收制度的确立。这一文件构建起了中国版的免税并购规则，对符合一定条件的企业并购重组允许适用"特殊性税务处理"，体现了我国税法对企业并购重组行为的支持。值得一提的是，2014 年国务院颁布《关于进一步优化企业兼并重组市场环境的意见》（国发〔2014〕14 号），要求优化企业兼并重组的市场环境，完善有利于企业兼并重组的财税政策。为此，财政部、国家税务总局颁布了《财政部 国家税务总局 关于促进企业重组有关企业所得税处理问题的通知》（财税〔2014〕109 号），修订了适用企业所得税特殊性税务处理的条件，降低了股权（资产）收购占被收购企业全部股权（资产）的比例限制，扩大了特殊性税务处理的适用范围，使我国企业并购税收制度鼓励企业正当并购行为的立法原则与价值取向逐步清晰。

与西方发达国家相比，我国市场经济体制与现代企业制度的确立时间较晚，企业并购活动的产生也较晚，这就使得我国企业并购市场的发展程度、规范程度都还存在提升空间。特别是作为滞后于市场经济发展的税收制度，在企业并购方面的制度安排、规则设计与征收管理也都处在初级阶段。虽然我国已经建立起并购重组的税收制度体系，但在一些技术处理层面、税种间的衔接方面、税收征管的制度约束方面，以及与其他政策手段间的协调方面，我国企业并购税收制度对企业并购的鼓励性导向还不够突出，支持性效果还不够显著。并且距离上一次企业并购税收制度的大范围调整已过去 5 年时间，在这 5 年中，我国经济发展所面临的内外部环境发生了深刻的变化，中国经济已从高速增长阶段进入高质量发展阶段，经济发展的新阶段对经济结构、增长动能、产业布局提出了新的要求，企业并购也因此发生着深刻而复杂的改变。为此，企业并购税收制度应在适度中性的原则下进一步提升其整体性、系统性和协同性，充分借鉴和吸收西方发达国家企业并购税收制度的成功经验，积极配合我国经济发展的新形势和新要求，助力我国经济的高质量发展。

7.4.2 从技术层面进一步完善企业并购的税收政策

从税收立法技术层面来看，西方发达国家企业并购税收政策更为全面、严谨和细化，基本上涵盖了企业并购的所有方式，并对每一种方式下的具体交易架构均有明确的政策规范。与西方发到国家这种周密的税收政策相比，我国企业并购税收政策在立法技术层面还略显粗糙，许多问题只有原则性的规定，缺乏细化的操作指引，特别是在一些关键领域还存在政策空白，急需进行完善。

（1）在特殊性税务处理的技术规则层面。一是特殊性税务处理的适用条件不够细化。对于合理的商业目的只是进行了原则性、概括性的描述，缺乏判定的具体标准。与美国的判例法规则不同，由于成文法下税收判例无法作为政策依据，因此在对一项企业并购是否符合合理商业目的的判断上，自由裁量的空间过大。另外，特殊性税务处理的适用条件比较机械，特别是对于股权收购比例的要求缺乏弹性，对于已经取得控股权后的收购无法满足特殊性税务处理的要求。二是特殊性税务处理的适用范围过窄。我国企业并购特殊性税务处理规则中没有引入"三角并购"规则，因此对于正向三角并购和反向三角并购缺少政策支持，直接造成了企业实质上符合股东利益持续的并购交易无法适用免税并购的税收待遇。并且，将控股企业解释为收购企业直接控股的下属企业，会造成对股东利益持续原则的破坏。三是对有利税收属性的结转规则不够完善。现行税法仅对目标企业的亏损和税收优惠的结转使用做出了明确规定，而对资本亏损、内在亏损、外国税收抵免等其他的有利税收属性没有给予明确的规则适用。

（2）在一般性税务处理的技术规则层面。主要是缺少企业并购对价分摊机制。在适用一般性税务处理的并购中，当收购方取得概括性资产、负债时，缺乏明确的对价分摊机制，容易引发纳税人主观干预对价分摊以寻求税收利益最大化的避税动机。特别是在"一揽子"资产收购、业务收购以及企业合并中，由于缺少对价分摊的税收规则，纳税人可以将更多的价值向可折旧、摊销的资产上进行分配，从而为后续的税收抵减提供空间。另外，目前对商誉的税收处理也仅仅停留在原则层面，税法只是要求企业并购中的商誉需要在整体转让时扣除，但商誉的价值如何确定，转让时商誉价值与企业清算所得之间的关系与价值分配，负商誉的税务处理等具体细节性问题没有明确规定。

（3）在企业并购的反避税规则层面。与西方发达国家相比，我国企业并购的反避税规则严重缺失，特别是针对跨国并购的反避税规则仍停留于起步阶段，对税收权益的维护以及对促进跨国并购的发展都构成了阻碍。在对内的反避税规则方面，对股东利益持续的要求仅仅是以"12 个月内不转让"为约束条件，而没有更多地从股东利益持续的实质进行考量，单一的时间锁定条款不足以对企业并购的事实法律结果构成约束。另外，在亏损结转弥补方面，现行并购税法仅对合并企业结转使用被合并企业的亏损施加了金额上的限制，而没有对吸收合并中存续企业在合并后利用整体所得弥补其自身亏损的金额做出限制。这就造成盈利企业并购亏损企业要受到亏损弥补限制，而反过来，亏损企业并购盈利企业则不受这一限制，企业完全可以通过"反向操作"规避这一限制措施。

（4）在企业并购税收制度的体系建设方面。西方发达国家的并购税制不仅关注企业所得税的问题，还对个人所得税、增值税、财产税、行为税等做出了明确的规定。我国现行并购税制体系中虽然也有对上述税种的涉及，但各自为政的现象比较突出，各税种间缺少必要的协调与衔接，对企业并购的概念、类型、税收政策适用的范围、税收待遇的享受方式等都存在着五花八门的适用规则，造成税收政策之间的矛盾与冲突。特别是许多税种中关于企业并购的规则采用阶段性立法的方式，一个政策的使用期限最长 3 年，而接续性政策出台后可能与之前的政策存在巨大的口径差异，严重影响了税收法定与税法安定，给纳税人增加了许多不确定性。

7.4.3　加强跨国并购领域的税收制度建设

随着经济全球化趋势的加强，资本的自由流动打破了传统的国界范围，跨国并购日益成为促进一国对外经济发展的重要战略措施。从西方发达国家的并购税制中可以发现，基本上都建立了专门的跨国并购税收制度。特别是美国联邦税法中对跨国并购的规则最为完善和健全。反观我国现行的跨国并购税收制度，还存在着许多缺陷。

（1）跨国并购税收规则的适用主体过于单一。目前的跨国并购税收规则只适用于居民企业，而对于非居民企业、自然人、合伙企业以及其他商事主体参与跨国并购无法适用现有规则，而《个人所得税法》中对跨国并购没有做出任何明确的规定，给自然人、合伙企业参与跨国并购带来了税收上的不确定性。

（2）跨国并购特殊性税务处理的适用范围极为狭窄。由于跨国并购可能会造成税收利益管辖权旁落他国，因此在跨国并购适用特殊性税务处理方面，我国并购税制更为慎重，仅仅针对跨国股权收购和资产收购开放了适用特殊性税务处理的通道，而对跨国企业合并和企业分立适用免税待遇缺少具体的政策支持。然而面对日益增加的跨国合并业务时，政策的友好度和包容度明显不足。

（3）适用跨国并购的业务类型过于单一。只有居民企业向境外 100% 控股的全资子公司转移资产或股权才允许适用特殊性税务处理，极大地限制了跨国并购适用税收优惠的范围。不仅如此，税收政策的行文表述实质上对跨国并购的交易架构、流程方向也有隐含性限制，造成许多实质上符合股东利益持续，不损害国家税收主权利益的跨国并购交易无法适用税收优惠待遇，不利于鼓励本国企业"走出去"，也不利于外国企业"引进来"。

（4）跨国并购的反避税规则存在空白。诸如美国联邦税法中的"折旧取回规则"和"亏损取回规则"在我国现行跨国并购的税收规制中难觅踪影，这会导致我国可能丧失对外移型资产转让的税收管辖权。特别是当前国内供给侧结构性改革下，鼓励产业升级、鼓励资本投入、鼓励企业研发创新，许多企业享受了固定资产加速折旧政策、研发费用加计扣除政策，如果一旦进行资产的向外转移，我国将可能对这部分已经享受了本国税收优惠的资产的未来增值收益失去管辖权。

（5）受控外国企业和资本弱化的规则不够成熟。虽然这两项规则均在《企业所得税法》中有所体现，但具体到企业跨国并购中没有明确的技术指引，许多条款过于陈旧，在应对金融领域的创新与金融产品的变革时，税收制度存在明显的滞后。

第8章 我国企业并购税收制度的完善建议

我国目前已经初步建立了企业并购的税收制度体系，但在基本原则、体系构建以及技术处理等方面仍有提升空间。特别是企业并购税收制度的整体性、公平性、合理性和完备性等方面需要进行较大范围的优化和调整，以满足国家通过并购重组实现产业结构升级和调整的需要，满足企业通过并购重组实现资源优化配置和利用的需要，满足税务部门通过并购税制实现对微观主体行为监管和治理的需要。

8.1 重构企业并购税收制度的基本原则

8.1.1 引导鼓励合理的企业并购

税收对企业并购行为应保持中性还是积极鼓励一直都是理论界争论的焦点。一种观点认为，税收在企业并购中应保持中性。税收不应扭曲并购交易的正常运行或者不影响企业原有的资源配置状况。税收一旦违背了中性原则，对企业并购进行税收激励，就会使税收偏袒企业并购交易，从而导致私人利益和社会利益的偏离，并最终导致效率的损失。另一种观点则认为，税收应更多鼓励企业并购交易。税收中性只是一种理想化状态，各国政府均基于经济发展的考虑对企业并购给予鼓励与支持。这体现在并购税制的实践层面，虽然设计导向要求税收中性，但从免税并购的适用范围、适用条件和具体规则等诸多方面均体现出明显的鼓励倾向。我们认为，我国并购税制设计应保持适度中性，对具有合理商业目的的并购交易给予积极的鼓励。鼓励型的并购税制并不是对税收中性的背离。如果严格按照税收中性原则，只有股东利益和营业企业 100% 的持续才符合免税并购的适用条件。鉴于 100% 的持续在现实中很少发生，因此没有任何一国的并购税制以此为标准，均不同程度发生了偏离，不要求股东利益和营业企业的全部持续，只要求其中的绝大部分持续即可。这种偏离并不改变并购前后股东利益与企业经营连续的实质，并不违背税收中性，只是一种在合理范围内的偏离。从我国现实国情出发，当前我国仍然需要大力推进产业结构调整和供给侧结构性改革以实现经济的高质量发展。企业并购作为一种资源配置方式有助于推进改革的进程，而税收作为一项制度成本无形中提高了企业并购的交易费用，影响了经济效率。通过税收鼓励性措施可以中和税收对企业并购造成的不利影响，激励企业积极开展并购交易，促进我国企业和国民经济的整体活力和全球竞争力。因此，以税收中性为准绳，以积极鼓励为基调的并购税制是当前乃至未来很长一段时间我国国情的必然选择。

8.1.2 严格遏制避税型企业并购

企业并购是一种复杂的资本运作行为，往往具有金额大、环节多等特点，容易成为纳税人规避纳税的工具。本着"激励与约束机制并重"的原则，对具有合理商业目的的企业并购给予适度的鼓励，那么对于旨在避税的企业并购就应进行一定的约束和限制。我国现行并购税制在反避税方面还较为单薄，没有形成制度化的并购反避税体系，同时对并购反避税的设计规则较为粗放，容易留下避税空间，也容易造成税务机关的自由裁量权过大而引发税企争议。为此，需要逐步加强避税型并购的反制措施，具体可以从两个方面开展：一方面是对一些原则性较强的反避税条款进行细化。比如细化旨在防止企业通过多步骤的交易架构仅实现一个非商业目的的"分步交易合并规则"。不能仅停留在对并购前后 12 个月内的分步交易的合并，而应将测试期扩大到与并购主体或并购标的有关的所有权益交易的发生期间内；不能仅做出笼统的说明，而应增加对企业承诺履行情况的测试以及各个单独并购步骤之间的相互依存测试等内容，使企业并购的反避税规则可以落地。另一方面是进一步增加和完善一些具体的反避税措施。比如，将企业并购中的债务融资纳入资本弱化规则的调控范围，防止企业利用并购交易实现资本弱化的目的。再如，将企业并购反避税措施的适用范围扩大到企业法人以外的参与方，旨在解决针对自然人、合伙企业的反避税规则适用问题，织牢织密反避税措施网。

8.2　明确企业并购税收制度的优化路径

8.2.1　提高企业并购税收制度的法律位阶

税收法定原则是近现代法治精神在税法领域的反映，贯穿税收立法和执法的全部领域和全部过程，是税法基本原则的核心。反观企业并购税收制度，仍以规范性文件为主，立法层级显著偏低，缺乏层级较高的基础性法律予以统领，影响了并购税制的严谨性和权威性，与税收法定原则的要求相去甚远。

事实上，2006 年《企业所得税法》修法时，本计划将 13 条企业并购重组的税收处理规则纳入《企业所得税法实施条例（草案）》之中，以通过提高法律位阶将这一问题进行固化处理。但考虑到企业并购重组相关税收制度有进一步修改完善的可能性，且其内容较为具体，与《企业所得税法实施条例》整体结构不协调，因此最终只是在《企业所得税法》和《企业所得税法实施条例》中对并购重组的税收制度进行了概括性描述。这一现象的形成有其客观的环境和背景，我国企业并购交易起步较晚，随着计划经济向市场经济的转型，经济的高速发展向高质量发展的转型而不断壮大与革新。通过授权立法特别是规范性文件的方式能够迅速且有效地解决实践中不断出现的新情况、新问题，进而形成了追求灵活而非效力长久的立法惯性。但在全面依法治国，特别是当前全面加强税收立法的背景下，应当逐步提高并购税制立法的位阶，由国家税务总局研究和制定部门规章，并以国家税务总局令的方式对企业并购重组的基本税收问题予以明确。包括并购税制的基本原则、一般性税务处理与特殊性税务处理的具体规则、计税基础的确认要求以及并购重组税收征管问题等，充分保护纳税人的实体财产权，保证纳税人对税收制度的合理预期，减少交易成本并降低征税成本，切实遵守和维护税收法定原则。

8.2.2　加强企业并购税收制度的体系建设

从我国现行企业并购的税收制度体系来看，出现了明显的结构性失衡，企业并购税收制度基本上以企业所得税为主，其他各税没有成为有效的构成因素。不仅如此，税种间缺少必要的协调，造成政策的矛盾甚至冲突，程序性规定缺少与税收征管能力的互动，影响企业并购的税收法制化水平。围绕这些企业并购税收制度中"卡脖子"的问题，提出以下三方面的建议。一是优化企业并购税制体系的整体设计。随着我国资本市场的纵深化发展，各类商事主体参与企业并购的活跃度激增，各种全新的并购方式迭代升级，对企业并购税收制度的完备性提出严峻的挑战。为满足多元化参与主体和多样化并购方式的需求，税收制度整体设计层面应摒弃以往以企业所得税为单一主体的设计理念，重点加强企业并购个人所得税和增值税的制度建设，实现"三足鼎立"式的并购税制结构，并逐步由以税种为归类向以交易为归类的方向过渡。二是深化企业并购税制体系的整体协调。深化企业并购两个所得税之间的协调，以并购的交易实质和法律结果为主线，消弭法人与自然人之间的税收待遇差异。同时，以利益持续原则这一企业并购税制设计的基本遵循为导向，协调不同税种间针对同一并购事项的处理原则与技术方法，推进企业并购税种之间的整体协调。此外，还要进一步协调境内并购和跨国并购的税收待遇，改变政策适用条件上的差异，转而从税收待遇和税负水平的差异性上体现税法对不同类别并购的调控目标。三是强化企业并购税收征管的整体能力。根据税务部门的征管模式、信息化程度以及部门间协作等情况的变化，动态调整和优化企业并购的税收征管程序，以企业自主选择待遇适用为根本，以简化流程和手续为目标，以增强部门协作和信息共享为保障，以突出风险管理和跨期监管为重点，不断提升企业并购的税收征管能力。

8.3　完善企业并购税收制度的具体措施

8.3.1　完善企业并购的一般性税务处理

8.3.1.1　明确并购中承担债务的税法定性

承担债务作为企业并购中一种常见的合同条款，其税法定性存在一定的争议。现行并购所得税将承担债务一概作为非股权支付，割裂了"业务"收购的完整性，进而破坏了营业资产继续原则。建议依据债务与资产的相关度，将承担债务分为两种情况处理：如果收购方承担的债务与其所收购的资产具有相关性，则将其作为收购标的的一部分；如果收购方承担的债务与其所收购的资产不具有相关性，则将其作为非股权支付处理。债务是否与资产具有相关性可以按照债务是否与资产共同构成一项"业务"来判定。"业务"是以转让标的自身是否具有投入、加工处理过程和产出能力这三个要素进行衡量的。在具体适用时，可由企业根据上述标准自行判定，并在合理商业目的说明中增加对承担债务与所收购资产间相关性的专项说明。

8.3.1.2 调整非股权支付的计税方法

非股权支付所对应的资产转让所得的计税方法有总额确定法和比例确定法之分。我国企业所得税中采用的是比例确定法，根据非股权支付在全部支付总额中所占比例确定当期的所得或损失，但这种方法可能造成非股权支付金额与纳税能力不具有配比性，而且也会增加计税基础调整的难度。相比之下，总额确定法较为简明直观，也是其他国家普遍使用的一种方法。目前我国个人所得税中已经采用这种方法，建议企业并购的企业所得税政策也采用这一方法，直接将非股权支付额与并购中应确认的纳税额进行比较，以孰小者作为当期应纳税额，剩余部分可继续递延纳税处理，同步按已确认所得调整资产的计税基础。

8.3.1.3 建立资产计税基础分摊规则

应税资产并购中如果并购企业取得的是"一揽子"资产，且其支付的对价总额与并购资产公允价值不对等时，就会产生资产价值分摊问题。针对这一问题，建议借鉴美国联邦税法的"剩余分摊法"，按照资产的流动性与可辨认性，将资产分为四类，并依次进行计税基础的分摊，同时细化大类资产内部的计税基础分摊规则。具体而言，第一类为流动性最高且价值最易确定的"货币资金"，此类资产的计税基础优先据实确定；第二类为流动性次之但金额相对固定或可确定的金融资产与应收款项，此类资产分摊计税基础的限额为并购日公允价值的总额；第三类资产为商誉以外的其他资产，由于此类资产涵盖内容最广，且性质各异，价值差异较大，因此建议采用单项资产确认法，根据每一项可辨认资产的评估价值分别确认其计税基础。如果整体交易价格扣除第一类、第二类资产后的剩余部分小于各单项评估价值之和，则对剩余价值根据单项资产的评估价值进行分摊，进而确定每一单项资产的计税基础。在按照上述顺序分配后，如果还存在剩余价值，全部归入第四类资产，即商誉。资产计税基础分摊规则对于应税资产并购十分重要，既可以保证纳税人获得对该资产进行折旧或摊销的抵税收益，又可以防止随意分配资产税基损害税收利益。

8.3.2 完善企业并购的特殊性税务处理

8.3.2.1 优化合理商业目的原则的判定

具有合理的商业目的是适用特殊性税务处理的首要条件，而对于合理商业目的的判定却很难给出一个明确的且具有普遍适用性的标准，故判定一项并购交易是否具有合理商业目的是税务部门长期面临的挑战。对此，美国联邦法院在一些判例中对合理商业目的的内涵做了较为适当的解读，使得关于合理商业目的的争议得以缓解，同时，这些判例也有助于增强并购企业和税务机关对合理商业目的内涵的理解。判例法是普通法系国家法的主要渊源，而我国是大陆法系国家，以成文法为主，判例法不构成法的渊源，不具有法律约束力，但判例法在企业并购这一实践行为中具有很强的适应性和指导性。建议由税务总局牵头，对税务机关在实践中以不符合合理商业目的推翻企业适用特殊性税务处理的案例进行整理与汇总，并以适当的方式发布，让纳税人和税务部门可以通过公开途径获取，便于纳税人参照这些案例自行判断是否满足适用条件，也便于税务机关在征收管理中有所借鉴。

8.3.2.2 放宽股权收购比例的限制条件

虽然从世界各国的并购税制来看，以50%的收购比例作为适用特殊性税务处理的条件相对宽松，但这种单一的定量标准所存在的问题也是十分突出的。鉴于并购实践中大量存在通过多次累计收购取得被收购企业控制权的情况，较为适宜的改革方式是以"定量+定性"双重标准作为判定符合特殊性税务处理的标准。对于定量标准，建议放宽50%股权收购比例的取得频次规定，不再要求一次性收购达到50%及以上，允许通过"累进式收购"的方式取得被收购企业控制权，只要收购方最终获得了目标企业的控制权，就对并购的全过程适用特殊性税务处理待遇。对于定性标准，建议将绝对控股收购的情形纳入适用特殊性税务处理的范围，无论收购企业在实施收购前是否已经持有目标企业的部分股权，只要在收购日累计取得了绝对控股权（100%），也可以适用特殊性税务处理。

8.3.2.3　修改股权支付的解释口径

现行特殊性税务处理对控股企业的解释口径存在违背股东利益持续原则的情况，建议通过引入"三角并购"规则加以解决。三角并购即三方共同参与的并购交易，三角并购可以使控股企业与收购标的资产与债务进行隔离，较直接并购具有更大的灵活性。在三角并购中，母公司授权其控股子公司作为收购方对目标企业发起并购，母公司仅发行股份进行对价支付。由于三角并购最终的结果可以保证股东利益持续，大多数国家均允许其适用免税并购规则。在我国的企业并购实践中，三角并购也多有发生，[①] 但从目前特殊性税务处理的规则来看，并不支持这种方式。对此，建议通过修改股权支付中关于控股企业的解释口径，正式引入三角并购规则。具体来说，就是将控股企业的解释由原来的"由本企业直接持有股份的企业"修改为"直接持有本企业股份的企业"。同时对直接持有股份的比例做出明确的要求，必须是直接持有本企业 80% 及以上股份的企业，也就是本企业的控股母公司，旨在防止由于跨层支付造成的股权比例的过度稀释致使无法满足股东利益持续的数量要求。

此外，需要尽快明确优先股等"类股票"性金融工具是否构成股权支付的适格类型。企业通过发行优先股作为并购支付对价，可能会使取得优先股的收购方成为转让方企业的潜在股东，虽然持有此类金融工具可能无法拥有表决权，但并不代表对企业的经营活动没有重大相关利益。优先股以其财务负担轻、灵活机动强、财务风险小、不减少普通股收益和控制权等特点被许多上市公司青睐，并逐渐成为一种重要的融资渠道。鉴于此，在并购税制中可将符合特定条件的优先股纳入股权支付范畴，这一条件可参照会计准则中对权益工具的划分标准执行。[②]

---

①　如 2010 年东方航空股份有限公司（以下简称"东方航空"）换股吸收合并上海航空股份有限公司（以下简称"上海航空"）一案中，东方航空作为吸并方，上海航空作为被吸并方，换股吸收合并完成后，东方航空作为存续公司，上海航空的法人资格注销，上海航空全部资产、负债、业务、人员、合同及其他一切权利与义务将并入东方航空的全资子公司中。这起吸收合并属于典型的三角并购，并购企业为东方航空的全资子公司，对价支付方为东方航空，并购目标为上海航空，并购完成后，上海航空注销。

②　详见财政部下发的关于《金融负债与权益工具的区分及相关会计处理规定》的通知第二条，关于金融负债与权益工具的区分。

8.3.2.4　扩大特殊性税务处理的适用范围

我国在引入特殊性税务处理时，只针对资本运营环节，缺乏对资本投入环节的考虑，造成税收适用上的不平衡，特别是当非货币性资产对外投资与资产收购业务竞合时，两种不同纳税方法的选择增加了税收规则的复杂性。对此问题，美国联邦税法的经验值得借鉴。为了鼓励投资，美国联邦税法给予符合条件的非货币性资产投资与免税并购相同的待遇，即股东在非货币资产出资环节暂时不确认所得或损失，股东所持股份的计税基础为出资资产的原计税基础；同时，企业取得非货币资产的计税基础也延续出资资产的原计税基础。对非货币资产投资与企业并购给予同等税收待遇是基于对股东利益持续原则的考虑。非货币资产投资仅仅是一种改变法律形式的财产交易，股东对财产的控制由直接控制转变为通过公司间接控制，并未改变控制的经济实质，保持了股东利益的持续。允许非货币资产投资适用免税并购符合税法原理，也符合公平正义。建议取消非货币性资产投资 5 年定期递延纳税政策，而将其并入特殊性税务处理的适用范围之中，将投资环节的税收递延至转让环节，有助于降低投资初期的税收负担和资金占用，抵消投资风险给纳税人带来的不确定性，同时也有有助于简化并购税制，体现鼓励并购的价值导向。

8.3.3　完善企业并购的反避税制度

8.3.3.1　加强并购后"利益持续"的审核

从股东层面的利益持续来看，对企业并购中取得股权支付的原转让方设定再次出售的时间限制，是为了防止短期内股权出售破坏股东利益持续。目前税法中只要求"原主要股东"受此限制，但对原主要股东的判定标准过宽。建议参照《中华人民共和国证券法》中判定证券交易内幕信息知情人的标准，即持有 5% 以上股份的股东[①]，作为原主要股东的界定标准，以确保股东利益持续的时间要求得以贯彻。从企业层面的利益持续来看，建议增加并购完成 12 个月后并购企业提交备案资料这一程序，备案资料中需重点说明如下因素是否发生重大改变，包括目标企业的员工、客户、厂房、设备、产品

---

① 《中华人民共和国证券法》（2019）第四十四条、第五十一条。

以及营业地点等因素,同时还包括并购企业对目标企业营业投入的资本数量、获取的收入以及发生的成本等因素,以确认并购企业确实在继续该项历史性营业活动。此外,对于多业经营的目标企业,如果并购企业在并购后仅从事目标企业的部分营业而需处置其他营业是否违反营业继续标准,目前并购税制中缺少必要的说明。随着产业链的拉长、经营业态的细化,完全只从事同一项营业的企业很少。企业并购自身也是一个扩大企业营业范围,促进企业多业发展的有效途径,要求绝对的营业继续不切实际。因此建议如果目标企业从事多项营业,收购企业只要继续这些营业中的一项或多项即满足营业继续标准。对于资产的再次转移如果发生在同一集团内部,建议豁免受制于本条款限制,与远端股东利益持续的要求一致,如果收购企业收购后将营业资产向下转移至其直接控股的子公司,实质上并未破坏资产继续标准,可不受12 个月的限制,以解决集团一体化下收购方与收购标的实际接收方不一致所引发的税收问题,满足集团内部资产转移的现实需要。

8.3.3.2　完善亏损结转弥补规则

我国企业并购税收制度中关于被合并方亏损只能限额结转弥补的规定有损股东利益,同时,对被合并企业净资产缺少约束机制也容易造成纳税人在并购前通过恶意放大这一价值获取更多的亏损弥补利益。针对上述问题,建议从两方面进行完善:一方面是增设全额亏损结转弥补规则。只要原股东利益能够在合并前后不发生改变,则被合并企业的亏损就应全部由合并企业结转弥补,否则适用限额亏损结转弥补。股东利益不发生改变是指合并后原亏损企业股东必须全部在合并企业予以保留,且原股东之间的相对持股比例不发生改变。这一规定预期将使100% 的换股吸收合并和同一控制下的企业合并满足全额亏损弥补规则。另一方面是细化限额亏损结转弥补规则。限额亏损结转弥补旨在对可能存在避税嫌疑的并购进行适当限制,但目前的限制措施较为粗糙,特别是未对亏损企业的净资产价值进行一定的约束。对此,建议增加"亏损企业净资产扣减"机制,剔除非合理性资本投入与资产划入。非合理性资本投入的剔除,旨在防止当事方在企业合并前通过非合理性注资加大被合并企业净资产价值。具体操作中可对合并日前12 个月内被合并企业股东对被合并企业新增资本金的行为进行剔除,除非该笔资本缴付属于原始出资协议中列明的规定缴付或能够证明资本缴付是为了公司的持续性经营。非合理性资产划入的剔除,旨在防止集团企业内部通过向被合并企业无偿划转资产，加大被合并企业净资产价值，并通过合并前的资产评估，实现亏损限额计算基数的放大。具体操作中应重点关注合并日前 12 个月发生的资产划转行为，审核其划转目的的合理性，并关注合并后被划转资产的最终状态，如果发生诸如母子合并业务，母公司非基于合理商业目的先行向亏损子公司划转资产再对其进行吸收合并，也属于非合理性资产划转，应予以剔除。

8.3.3.3　完善跨国并购反避税规则

目前并购企业所得税中三项针对跨国并购的特别反避税条款虽然能够满足实践中绝大部分跨国并购业务的需要，但在应用范围、适用主体以及规则的完备性等方面还存在一定的问题，对跨国并购税制应本着"有所约束"的原则进行完善。首先是建议扩大跨国并购反避税规则的应用范围，主要是将跨国合并、分立等业务纳入反避税的管辖范围，将税收管辖权有机融入并购税制，制定专门适用于此类并购业务的具体税收政策。其次是建议增设自然人参与跨国并购的反避税条款。建议通过建立专门的自然人并购税收政策，结合我国个人所得税"属人 + 属地"的立法原则，增设自然人参与跨国并购，特别是自然人与其境外关联方之间、自然人与其受控外国公司之间的并购反避税规则。最后是建议收紧控制权外移型并购适用特殊性税务处理。取消居民企业将其拥有的资产或股权向其 100% 直接控股的非居民企业进行转移适用特殊性税务处理的规定，要求在资产所有权发生转移时按一般性税务处理确认转让所得。同时，为保持资本输出中性，建议增设境外积极营业的例外条款，该条款即营业企业继续原则在境外资产受让主体上的具体应用，只要境外资产受让方在境外从事积极营业活动，且在其营业活动中使用境内企业所转移资产，仍可适用特殊性税务处理。

8.3.4　完善企业并购其他各税制度

8.3.4.1　完善企业并购增值税制度

世界上多数征收增值税的国家如英国、法国都对满足经营持续条件下的业务转让排除课税。在我国企业并购增值税税收制度的设计中，应以"经营持续"和构成"业务转让"两个原则作为企业并购不征收增值税的基本原则。为此，需要从以下三个方面加以完善。一是增加对合理的商业目的的陈述，以便于判定经营持续性。只要一项并购行为不改变经营活动的持续性，视同并未发生流转不征收增值税。在具体对经营活动持续的识别时，可以比照企业所得税的做法，要求纳税人提供合理的商业目的说明。对并购的主要意图，并购前并购标的经营情况，并购后并购标的预期使用情况，特别是对购买方是否有明确意图、能力和条件继续使用并购标的开展同类业务加以说明，便于税务部门对经营活动的持续加以判定。二是明确经营继续的时间标准。一定的使用时间是保证并购标的的持续经营的一个重要因素，虽然各类资产属性不同，剩余可使用年限或周期可能存在差异，但对于以持续经营为目的的并购，应满足一个最低线经营持续时间的要求。建议比照企业所得税中的规定，以并购交易完成后的连续 12 个月作为持续经营的下限要求，在此 12 个月的期间内，并购方不得改变并购标的的原有的主体经营用途或发生再次转让。三是明确适格的业务转让的判定标准。不以"资产 + 债权 + 债务 + 劳动力"的四要素组合作为判定业务的唯一标准，而应遵循业务的实质，只要能够具有独立的投入、加工和产出过程，即便缺少债权债务成分，或缺少劳动力，也可以适用不征收增值税的待遇。

8.3.4.2　完善企业并购个人所得税制度

企业并购个人所得税制度完善的核心在于引入特殊性税务处理规则。企业并购不应区分股东的人格身份而给予差异化待遇。无论是法人股东还是个人股东，都是法律意义上参与并购的适格主体，在同一类并购行为中，应采用同等规则享受同等待遇，美国等世界主要国家的免税并购规则均适用于自然人。在我国企业并购个人所得税制度中引入特殊性税务处理，协调其与企业所得税的处理方法和税收待遇，使自然人同等享受递延纳税的税收优惠，对于鼓励自然人参与并购的热情，促进并购交易有序开展均具有重要的意义。在具体措施上，可以参照企业所得税特殊性税务处理的做法，对满足合理的商业目的，保证股东利益持续和营业企业继续的并购交易，允许自然人选择适用特殊性税务处理。同时，考虑到自然人税收管理的复杂性，需要加强对自然人后续股权转让环节的跟踪管理。特别是个人在并购中取得上市公司流通股股份，要避免由于目前对个人流通股转让暂不征税而造成个人税款的"永久豁免"。较为可行的办法是将个人在企业并购中取得的上市公司非公开发行股票作为限售股管理，由证券机构在个人股东转让环节直接扣缴税款，防止税款流失。

8.3.4.3　完善企业并购土地增值税制度

我国土地增值税采用超率累进税率，最高税率达到 60%，因此受到并购交易方的高度重视。虽然现行土地增值税税收制度中已经根据"股东利益持续"设计并明确了暂不征税的相关政策口径，但对于纳税人呼声较为强烈的股权转让与资产划转是否征收土地增值税，始终未给予明确。虽然将这两项行为纳入免税范围可能为企业的避税留下可操作空间，但防范政策滥用应通过反避税制度的完善加以解决。具体来说，一是明确股权转让不征收土地增值税。由于股权转让是企业股东发生变更而不涉及企业的土地、房屋权属发生转移，因此不应征收土地增值税。对于实践中存在将土地、房屋权属的直接转让包装为通过转让土地、房屋权属所属企业股权的方式间接实现的问题，应在土地增值税立法中通过单独设立股权转让的反避税条款加以明确。如果被转让股权的企业实体经营资产几乎全部为不动产，需要对企业的并购意图进行进一步分析和判断；如不符合合理商业目的原则，可以穿透形式而按其实质课税。二是明确资产划转不征收土地增值税。现行企业所得税、契税均已明确满足特定条件的划转行为不征税，为了公平税制、统一口径，并进一步加大对企业并购的支持力度，建议对同一投资主体内部所属企业之间土地、房屋权属的划转，免征土地增值税。另外，对于母公司以土地、房屋权属向其全资子公司增值，视同划转，免征土地增值税。

参 考 文 献

[1] J·费雷德·威斯通，S·郑光，苏珊·E·侯格．兼并、重组与公司控制 ［M］．北京：经济科学出版社，1998.

[2] 巴曙松，余芽芳．当前去产能背景下的市场化并购与政策配合 ［J］．税务研究，2013（11）：3-8.

[3] 曹立村．企业并购及有关税收问题探析 ［J］．求索，2003（5）：35-37.

[4] 蔡昌．企业重组税制缺陷与反避税安排 ［J］．税务研究，2011（6）：81-84.

[5] 陈海声，王晓．企业所得税对上市公司并购方式的影响研究 ［J］．财会通讯，2011（4）：64-67.

[6] 陈娟．公司并购的税收效应研究文献述评 ［J］．经济学动态，2012（11）：149-153.

[7] 常修泽．产权交易——理论与运作 ［M］．北京：经济日报出版社，1995.

[8] 崔威．企业重组税务处理规则起草过程的反思．载熊伟编．税法解释与判例评注（第1卷）［M］．北京：法律出版社，2010：134.

[9] 道格拉斯·C.诺思，杭行（译）.制度、制度变迁与经济绩效 ［M］．上海：格致出版社，2019.

[10] 邓远军．公司并购税收问题研究 ［M］．北京：中国税务出版社，2008.

[11] 杜剑，王肇，杨扬．企业并购中的债务转移与税收负担关系——基于中国A股上市公司面板数据的实证分析 ［J］．税务研究，2017（3）：48-52.

[12] 樊勇，王蔚．市场化程度与企业债务税盾效应——来自中国上市公司的经验证据 ［J］．财贸经济，2014（2）：44-55.

[13] 高凤勤．企业税收效应研究 ［D］．四川：西南财经大学，2007.

［14］高金平. 资产重组税收制度建设的若干思考［J］. 财政研究，2013（9）：68-70.

［15］高明华. 中国上市公司并购财务效应研究［M］. 厦门：厦门大学出版社，2008.

［16］郭跃芳. 公司并购的税收效应：文献回顾与展望［J］. 财会通讯，2016（28）：37-40.

［17］郭健. 税收扶持制造业转型升级：路径、成效与政策改进［J］. 税务研究，2018（3）：17-22.

［18］哈罗德·M. 格罗夫斯，唐纳德·J. 柯伦，刘守刚，刘雪梅（译）. 税收哲人［M］. 上海：上海财经大学出版社，2018.

［19］何其昭. 转让股权征收土地增值税政策的可行性评价［J］. 税务研究，2015（11）：100-103.

［20］黄凤羽. 企业并购行为中的税收政策效应［J］. 中央财经大学学报，2003（6）：13-16.

［21］金亚萍. 企业跨境并购的涉税问题研究［J］. 涉外税务，2009（3）：42-44.

［22］金哲. 税制、制度变迁与企业并购的关系研究［J］. 经济与管理，2014（5）：38-43.

［23］金哲. 企业并购的税制安排［M］. 大连：东北财经大学出版社，2015.

［24］计金标，王春成. 公司并购税制的理论与实践［J］. 税务研究，2011（5）：36-39.

［25］贾镜渝. 中国企业跨国并购研究［D］. 北京：对外经济贸易大学，2015.

［26］李维萍. 资产重组的税收政策［M］. 北京：中国税务出版社，2007.

［27］李维萍. 公司并购的税收协同效应及观点分析［J］. 涉外税务，2007（5）：34-38.

［28］李维萍. 完善我国跨境并购重组的税收政策——借鉴美国税收规则［J］. 地方财政研究，2007（5）：59-63.

［29］李维萍. 企业并购支付方式的税收规则探讨［J］. 税务研究，2008（9）：85-88.

[30] 李维萍．企业资产重组的税收政策取向 [J]．东北财经大学学报，2013（5）：29 - 33.

[31] 李辉，周玉栋．特殊性税务处理与税收中性原则——论我国企业重组税制股权支付的问题与出路 [J]．中央财经大学学报，2014（4）：18 - 25.

[32] 李辉，吴秀尧．集团内部跨境重组特殊性税务处理的适用规则 [J]．税务研究，2017（4）：26 - 31.

[33] 李辉．企业重组个人所得税政策：理论审视与改革完善 [J]．税务研究，2015（8）：108 - 113.

[34] 李峰，杨德银．试析股东权益连续视角下企业重组所得税政策 [J]．税务研究，2015（8）：37 - 40.

[35] 李善民，刘智．上市公司资本结构影响因素述评 [J]．会计研究，2003（8）：31 - 35.

[36] 吕长江，韩慧博．业绩补偿承诺、协同效应与并购收益分配 [J]．审计与经济研究，2014（6）：3 - 13.

[37] 林德木．美国企业跨国重组特别反避税条款的评析及其借鉴意义 [J]．福州大学学报，2010（2）：56 - 61.

[38] 林德木，廖益新．美国联邦公司并购税收制度研究 [M]．北京：科学出版社，2010.

[39] 雷霆．美国公司并购重组业务所得税制研究 [M]．北京：中国法制出版社，2014.

[40] 雷根强，沈峰．国外公司并购税制的主要特点和发展动态 [J]．涉外税务，2003（10）：47 - 51.

[41] 雷根强，沈峰，刘建红．我国资本市场税收制度研究 [M]．北京：中国财政经济出版社，2016.

[42] 李曜，公司并购与重组导论 [M]．上海：上海财经大学出版社，2015.

[43] 刘蓉．税收优惠政策的经济效应与优化思路 [J]．税务研究，2005（11）：9 - 13.

[44] 刘淼．我国跨国并购所得税制度的缺陷与完善 [J]．税务研究，2011（5）：43 - 45.

[45] 刘天永．我国跨国并购所得税制度的缺陷与完善 [J]．国际税收，2013（6）：62 - 65.

［46］李彬，潘爱玲. 税收诱导、战略异质性与公司并购［J］. 南开管理评论，2015（18）：125－135.

［47］李霞. 公司所得税对资本结构的影响——基于中国上市公司的实证分析［J］. 税务与经济，2018（3）：105－108.

［48］乐琦，蓝海林. 中国企业并购中的区域因素与并购绩效：基于合法性的中介效应［J］. 华中师范大学学报，2012（4）：18－24.

［49］柳光强，田文宪. 完善促进战略新兴产业发展的税收政策设想——从区域税收优惠到产业税收优惠［J］. 中央财经大学学报，2012（3）：1－5.

［50］帕特里克·A·高根. 兼并、收购和公司重组（第四版）［M］. 北京：中国人民大学出版社，2010.

［51］潘孝珍. 税收优惠、市场机遇与企业投资决策——来自中国上市公司的经验数据分析［J］. 财政经济评论，2012（1）：83－94.

［52］斯蒂芬·沃依格特，史世伟等（译）. 制度经济学［M］. 北京：中国社会科学出版社，2016.

［53］孙福全. 企业兼并与破产［M］. 中国经济出版社，1995：12－13.

［54］苏毓敏，赵岩. 德国公司并购税制：变迁、内容及特点［J］. 涉外税务，2010（9）：53－56.

［55］苏毓敏. 中国公司并购税制改革研究［M］. 北京：经济科学出版社，2015.

［56］石建勋，郝凤霞. 企业并购与资产重组：理论、案例与操作实务［M］. 北京：清华大学出版社，2018.

［57］谭光荣，潘为华. "营改增"后资产重组增值税及留抵税额的处理［J］. 财会月刊，2015（7）：90－92.

［58］魏高兵. 企业重组中承诺补偿的税法评价［J］. 涉外税务，2012（8）：39－42.

［59］魏志梅. 企业重组企业所得税政策研究［J］. 涉外税务，2012（8）：21－27.

［60］魏志梅. 企业重组所得税政策探析［J］. 税务研究，2013（4）：42－47.

［61］王一舒，王卫星. 跨国并购所得税制的国际实践与评析［J］. 求索，2013（12）：5－8.

［62］王素荣. 资本结构与税收相关性分析［J］. 税务研究，2005

（10）：18 - 20.

[63] 王清剑，张秋生. 税收调控对企业并购的影响研究 [J]. 财政研究，2013 (2)：31 - 34.

[64] 王清剑. 企业并购产业结构效应与税收调控研究 [D]. 北京：北京交通大学，2014.

[65] 王海勇. 完善企业重组所得税政策促进经济结构战略转型 [J]. 国际税收，2015 (2)：39 - 41.

[66] 王波. 关于企业改制重组的土地增值税涉税问题探析 [J]. 注册税务师，2016 (11)：27 - 29.

[67] 王吉恒，张钊. 战略性新兴产业的区域定位与选择 [J]. 河南社会科学，2019 (6)：67 - 72.

[68] 汪卓妮. 税收效应对我国上市公司并购行为影响的实证研究 [D]. 广西师范大学，2013.

[69] 吴联生. 国有股权、税收优惠与公司税负 [J]. 经济研究，2009 (10)：109 - 120.

[70] 辛连珠. 企业特殊性重组资产计税基础的确认原则 [J]. 税务与经济，2011 (2)：98 - 101.

[71] 肖永明. 我国上市公司并购重组盈利不长机制研究 [D]. 江西：江西财经大学，2017.

[72] 岳树民. 中国税制优化的理论分析 [M]. 北京：中国人民大学出版社，2002.

[73] 岳树民，鞠铭，王怡璞. 促进国有企业混合所有制改革与发展的税制优化 [J]. 税务研究，2018 (5)：3 - 8.

[74] 姚彩红. 企业跨境并购动因理论研究综述 [J]. 商业经济，2010 (10)：32 - 33.

[75] 尹磊. 支持企业重组的税收政策研究 [D]. 北京：中国人民大学，2019.

[76] 余燕妮. 企业并购绩效及影响因素的实证分析 [D]. 吉林：吉林大学，2012.

[77] 于江. 并购的公司避税效应及其经济后果研究 [D]. 北京：北京交通大学，2016.

[78] 于兆吉. 我国企业并购的动因及存在问题的探讨 [J]. 财经问题研

究，2002（12）：66 - 68.

［79］易茜．企业并购的所得税协同效应研究——基于我国上市公司的实证分析［D］．广东：暨南大学，2015.

［80］张妍．税收特征对企业并购行为影响的实证研究［J］．商业研究，2009（7）：86 - 89.

［81］张春红．上市企业并购重组与股价波动因素分析——以 A 股市场企业重大并购重组事件为例［J］．中国注册会计师，2015（6）：57 - 61.

［82］张春燕．我国并购所得税制度改革的回顾与展望［J］．税务研究，2015（8）：32 - 36.

［83］张春燕．并购交易所得税法律制度研究［M］．北京：法律出版社，2015.

［84］张秋生，周琳．企业并购协同效应的研究与发展［J］会计研究，2003（6）：44.

［85］赵晋琳．对我国企业跨境并购重组税收政策的一些看法［J］．涉外税务，2010（3）：24 - 27.

［86］赵国庆．借鉴英国增值税"TOGC"规则完善我国资产重组增值税制度［J］．税务研究，2012（12）：85 - 87.

［87］赵文祥．美国税法关于非货币财产出资的规定及启示［J］．税务研究，2015（4）：108 - 113.

［88］郑湘明．基于期权博弈理论的企业并购决策研究［D］．湖南：中南大学，2011.

［89］周兰翔．我国企业重组税收制度的缺陷与完善［J］．求索，2015（1）：123 - 127.

［90］周兰翔．股东权益连续与股权支付税政——兼论特殊重组股权支付的政策完善［J］．财会月刊，2015（5）：90 - 92.

［91］周晓光．企业重组中的递延纳税与反避税［J］．税务研究，2015（4）：64 - 69.

［92］邹亚生．企业兼并操作指导［M］．经济管理出版社，1996：16 - 20.

［93］Alan J. Auerbach. Taxer, Firm, Financial Policy and The Cost of Capital: An Empirical Analysis. NBER Working Paper, 1982, No. 955.

［94］Alan J. Auerbach and David Reishus. Taxes and the Merger Decision. NBER Working Paper, 1986, No. 1855.

［95］Alan J. Auerbach and David Reishus. The Effects of Taxation on the Merger Decision. Chicago: University of Chicago Press, 1988, pp157 – 183.

［96］Amihud, Y. , B. Lev, and N. Travlos. Corporate Control and the Choice of Investment Financing: The Case of Corporate Acquisitions. Journal of Finance, 1990 (6): 603 – 616.

［97］Benjamin C. Ayers, Craig E. Lefanowicz, and John R. Robinson. The effects of goodwill tax deductions on the market for corporate acquisitions. The Journal of the American Taxation Association: Supplement 2000, Vol. 22, No. s – 1, pp. 34 – 50.

［98］Benjamin C. Ayers, Craig E. Lefanowicz, and John R. Robinson. Shareholder taxes in acquisition premiums. Journal of Finance 2003, 58, pp. 2783 – 2801.

［99］Benjamin C. Ayers, Craig E. Lefanowicz, and John R. Robinson. The effect of shareholder—level capital gains taxes on acquisition structure. The accounting Review 2004, 79, pp. 859 – 884.

［100］Benjamin C. Ayers, Craig E. Lefanowicz, and John R. Robinson. Capital Gains Taxes and Acquisition Activity: Evidence of the Lock-In Effect. Contemporary Accounting Research, 2007, Vol. 24 Issue 2, pp315.

［101］Bradlye, M. , A. Desai, and E. H. Kim. The Rationale Behind Interfirm Tender Offers: Information or Synergy? Journal of Financial Economics, 11, April 1983, pp. 183 – 206.

［102］Breen, D. A. . The Potential for Tax Gain as a Merger Motive: A Survey of Current Knowledge and Research Opportunities. FTC Economic Report, 1987, July.

［103］Carla Hayn. Tax attributes as determinants of shareholder gains in corporate acquisitions. Journal of Financial Economics, 1989, Vol. 23. pp. 121 – 153.

［104］Clyde P. Stickney, Victor E. McGee. Effective Corporate Tax Rates the Effect of Size, Capital Intensity, Leverage and Other Factors, Journal of Accounting and Public Policy, 1982, Vol. 1, pp. 125 – 152.

［105］Copeland, Thomas E. , and Won Heum Lee, Exchange Offers and Stock Swaps—A Signalling Apporach: Theory and Evidence. ms. , August 1988.

［106］Crawford, D. The Structure of Corporate Mergers: Accounting, Tax, and Form of Payment Choices. Ph. D. dissertation, University of Rocherster, 1987.

[107] Deangelo, H. , and R. Marsulis. Optimal Capital Structure under Corporate and Personal Taxation. Journal of Financial Economics, March of 1980: 3 - 29.

[108] Dodd, P. , and R. Ruback, Tender Offers and Stockholder Returns: An Empirical Analysis. Journal of Financial Economics, 5, December 1977, pp. 351 - 374.

[109] Eckbo, Espen, Horizontal Mergers, Collusion, and Stockholder Wealth. Journal of Financial Economics, 1983, 11.

[110] Eric W. Bond and Larry Samuelson, Tax Holidays as Signals, The American Economic Review, 1986, Vol. 76, No. 4.

[111] Fama, E. F. , and M. C. Jensen, Separation of Ownership and Control, Journal of Law and Economics, 26, 1983, pp. 288 - 307.

[112] Givloy. D. , C. Hahn, A. Ofer. and O. Sarig, Taxese and Capital Structure: Evidence from firm's response to the tax reform act of 1986, Review of Financial Studies, 1992 (5), 331 - 355.

[113] Graham, J. Debt and the Marginal Tax Rate. Journal of Financial Economics. May of 1996a: 41 - 73.

[114] Gregor Andrade, Mark Mitchell, and Erik Stafford. New Evidence and Perspectives on Mergers. Journal of Economic Perspectives, 2001, 15 (2): 103 - 120.

[115] Guisinger S. et al. Investment Incentives and Performance Requirements, New York: Praeger, 1985.

[116] Harry Huizinga. Johannes Voget. Impact of International Taxation on Mergers and Acquisitions. www. ssrn. com

[117] Harry Huizinga, Johannes Voget. International Taxation and the Direction and Volume of Cross-Border M & As. The Journal of Finance. 2009, Vol. Lxiv, No. 3, 1217 - 1249.

[118] Hayn, Carla. Tax attributes as determinants of shareholder gains in corporate acquisitions, Journal of Financial Economics, 1989, 23, 121 - 153.

[119] Ian Cooper and Julian R. Franks, The Interaction of Financing and Investment Decisions When the Firm has Unused Tax Credits, The Journal of Finance, Vol. 38, No. 2, 1983.

[120] Jenson, M. C. , and Meckling, Theory of the Firm: Managerial Behavior, Agency Costs and Ownership Structure, Journal of Financial Economics, 3, October 1976, pp. 305 – 360.

[121] Johannes Becker, Clemens Fuest, Tax Competition—Greenfield Investment versus Mergers and Acquisitions. CESIFO Working Paper, 2008, NO. 2247.

[122] Julie H. Collins, Deen Kemsley, and Douglas A. Shackelford, Tax Reform and Foreign Acquisitions: A Microanalysis. National Tax Journal, 1995, Vol 48, No. 1, pp. 1 – 21.

[123] Kaplan, Steven, Management buyouts: evidence on taxes as a source of value. Journal of Finance, 1989, 44, 611 – 632.

[124] Klein, B. , R. Crawford, and A. Alchian, Vertical Integration, Appropriable Rents, and the Competitive Contracting Process, Journal of Law and Economics, 21, October 1978, pp. 297 – 326.

[125] Manne, H. G. , Merges and the Market for Corporate Control, Journal of Political Economy, 73, April 1965, pp. 110 – 120.

[126] Markus M. K. Tax Incentives of Corporate Mergers and Foreign Direct Investments [J]. The Industrial Institute for Economic and Social Research, 1993, pp29.

[127] Mickie-Mason. J. , Do taxes affect corporate financing decision, Journal of Finance, 1990 (45), 1417 – 1493.

[128] Myers, and Majd, Corporate Financing and Investment Decision When Firms Have Information That Investors Do not Have, Journal of Financial Economics, 1984: 187 – 221.

[129] Myron S. Scholes, G. Peter Wilson, and Mark A. Wolfson. 1992. Firms' responses to anticipated reductions in tax rates: the tax reform act of 1986, NBER Working Paper No. 4171.

[130] Myron S. Scholes, Mark A. Wolfson, Ronald Gilson. Taxation and the dynamics of corporate control: the uncertain case for tax-motivated transactions. Oxford University Press, New York, 1988, 141 – 164, 271 – 299.

[131] Myron S. Scholes, Mark A. Wolfson, The Effects of Changes in Tax Laws on Corporate Reorganization Activity, The Journal of Business, 1990, Vol. 63, No. 1, Part 2.

[132] Merle Erickson, The Effect of Taxes on the Structure of Corporate Acquisitions. Journal of Accounting Research. 1998, Vol. 36 No. 2 pp279 – 298.

[133] Merle Erickson, Shiing – wu Wang. The effect of transaction structure on price: Evidence from subsidiary sales. Journal of Accounting and Economics, 2000, 30, pp59 – 97.

[134] Michael. J. Sullivan. The Merger Tax Status Decision. Journal of Accounting, Auditing and Finance, 1993, January: 77 – 81.

[135] Niden, C. The Role of Taxes in Corporate Acquisitions: Effects on Premium and Type of Consideration. Ph. D. dissertation, University of Chicago, 1988.

[136] Porcano, T. M. Corporate Tax Rates: Progressive, Proportional or Regressive, Journal of the American Taxation Association, 1986, Vol. 7, pp. 17 – 31.

[137] Reuber G et al. Private Foreign Investment in Development, Clarendon Press for the OECD Development Centre, Oxford, 1973.

[138] Robert S Harris, Julian Franks and Colin Mayer, Means of Payment in Takeovers, NBER Working Paper, 1987, No. 2456.

[139] Robert S Harris, John F. Stewart, David Guilkey and John Stewart. An Empirical Analysis of the Role of the Medium of Exchange in Mergers, Journal of Finance 1983 (6).

[140] Ross, S. A., The Determination of Financial Structure: The Incentive-Signalling Approach, Bell Journal of Economics, 8, 1977, pp. 23 – 40.

[141] Scholes, Myron S, Wolfson, Mark A. The effects of changes in tax laws on corporate reorganization activity. The Journal of Business, Vol. 63, No. 1, 1990, Part 2.

[142] Shevlin, T., S.S. Porter, 1992, The Corporate Tax Comeback in 1987: Some Further Evidence, Journal of the American Taxation Association 14: 58 – 79.

[143] Shrieves, Ronald E., Pashley, Mary M. Evidence on the Association between Mergers and Capital Structure. Financial Management, Vol. 13 (3), January 1984.

[144] Smirlock, M., R. Beatty, and S. Majd, Taxes and Mergers: A Survey, Monograph 1985 – 3, New York: Graduate School of Business Administration, New York University, June, 1986.

［145］Stewart C. Myers, Nicholas S. Majluf, Corporate Financing and Investment Decisions when firms have information that investors do not have, Journal of Financial Economics, 1984 (13), 187 – 221.

［146］Steven Kaplan, Management Buyouts: Evidence on Taxes as a Source of Value, The Journal of Finance, 1989, Vol. 44, No. 3.

［147］Taggart, R. A, Have U. S. Corporations Grown Financially Weak? In Financing Corporate Capital Formation, B. M. Friedman, ed, Chicago University of Press, 1986 (12), 13 – 33.

［148］Van der Klaauw, W. Estimating the Effect of Financial Aid Offers on College Enrollment: A Regression-Discontinuity Approach, International Economic Review, 2002 (4): 1249 – 1287.

［149］Williamson, O. E. , Corporate Control and Business Behavior, Englewood Cliffs, NJ: Prentice-Hall; 1970, 143.